ACTES DE FILMONA

CORPUS
SCRIPTORUM CHRISTIANORUM ORIENTALIUM
EDITUM CONSILIO
UNIVERSITATIS CATHOLICAE AMERICAE
ET UNIVERSITATIS CATHOLICAE LOVANIENSIS

Vol. 182

SCRIPTORES AETHIOPICI

TOMUS 36

ACTES DE FILMONA

TRADUITS

PAR

MAURICE ALLOTTE DE LA FUŸE

LOUVAIN
Secrétariat du CorpusSCO
7, av. Van den Bempt
1958

INTRODUCTION

Filmonā (Philémon), dont nous publions ici les Actes, a été vénéré comme saint par l'Église éthiopienne. Nous avons deux preuves, au moins, de cette vénération dans les Actes mêmes. D'abord le récit du « Pacte » accordé par le Seigneur à Filmonā en faveur de tous ceux qui célèbrent sa commémoration et « ont confiance en sa prière ». Ce « Pacte », dont les Actes des saints éthiopiens font soigneusement mention, est la reconnaissance solennelle de l'efficacité de l'intercession de chaque saint en faveur de ses dévots. Ensuite, les « Miracles », qui suivent dans notre texte les « Actes » de Filmonā, contiennent quelques récits de prodiges, faits par intercession de Filmonā, pendant le pèlerinage au sépulcre vénéré de ce saint personnage.

La commémoration de Filmonā est fixée, par les Actes, à la date du 22 du mois de *tāḫšāš* (du calendrier éthiopien). Toutefois, le synaxaire de l'Église éthiopienne ne cite pas Filmonā parmi les saints célébrés à cette date, au moins dans les mss connus jusqu'aujourd'hui. Il s'agit, donc, probablement d'un culte local, limité au monastère dont Filmonā fut l'abbé, dans le Tigré, et à la région environnante; et les Actes ont été rédigés pour être lus aux pèlerins pendant la fête de la commémoration du saint, près de son sépulcre.

Les Actes de Filmonā, comme nous l'avons dit dans l'Introduction au volume du texte éthiopien, nous ont été conservés dans un manuscrit unique, du XVIIIe siècle probablement, à la suite des Actes de Tāddēwos de Bārtārwā. Tāddēwos était l'oncle de Filmonā, celui-ci étant précisément le fils du frère aîné de Tāddēwos. Les deux saints ont vécu et agi dans la même région du Tigré, et Filmonā a été, pendant une partie de sa vie, le disciple et compagnon d'ermitage de Tāddēwos.

Ces données sur les relations de famille entre Tāddēwos de Bārtārwā et Filmonā sont suffisantes pour déterminer la chronologie de Filmonā. Nous savons, en fait, que Tāddēwos, selon les synchronismes relevés dans ses Actes, a vécu vers la moitié du XIVe siècle [1]. On

1 Cfr C. Conti Rossini in *Rassegna di Studi Etiopici*, III, 1943, p. 336-337.

peut donc dire que son neveu Filmonā a fleuri dans la deuxième moitié du même siècle. Cela est aussi attesté par les récits de la rencontre de Filmonā avec Samuel de Dabra Hāllēluyā, lequel était contemporain du roi Sayfa Arʿad (1344-1372) [1]; et encore, comme on le verra ci-après, par le style littéraire des Actes. Il faut ajouter que Filmonā fut ordonné diacre [2] par le métropolite d'Éthiopie, l'abuna Salāmā, qui occupa cette charge de 1350 à 1390.

Le cadre géographique des Actes de Filmonā se situe dans la partie septentrionale du plateau éthiopien, et particulièrement dans le Tigré. Mais, si cela est bien sûr, il n'est pas facile, au contraire, de déterminer les différentes localités mentionnées dans notre texte. Pour Sebṭā, lieu d'origine de Tāddēwos et de Filmonā, l'éditeur des Actes de Tāddēwos avait pensé à un village de l'Érythrée [3] : Sebṭā (variante dialectale : Šibṭā), dans la vallée du ʿAnsabā, région de Takkala ʿAggabā, district du Ḥamaṣēn [4]. Toutefois, deux autres villages du même nom se trouvent dans le Tigré : un dans le district du Šīrē et l'autre dans l'Endartā [5]. Or, interprétée littéralement, l'indication topographique donnée par notre texte (« sa ville était à l'Orient du Sud ») [6] conviendrait mieux au Sebṭā (Šibṭā) de l'Endartā, qui aussi pourrait être appelé, plus que l'autre Sebṭā de l'Érythrée, village de « la région d'Aksum », comme notre texte le qualifie [7].

Bārtārwā, le couvent fondé par Tāddēwos, est dans la région du Tanbēn, en Tigré aussi; et Dabra ʿAsā était près de Bārtārwā, quoique ce nom soit inconnu aujourd'hui dans le pays [8]. Ta'aminā, où Tāddēwos reçoit la visite de Filmonā [9], qui reste enfin avec lui longuement dans cet ermitage, est aussi dans le Tanbēn [10]; et le Wareʿ, cité dans les Actes, est le fleuve bien connu du Tanbēn

1 Pour cette rencontre, cfr *infra*, p. 45. 2 Cfr p. 9. 3 R. DE SANTIS, *Il Gadla Tāddēwos di Dabra Bārtārwā* in *Annali Lateranensi*, VI, 1942, p. 10. 4 Cfr J. KOLMODIN, *Traditions de Tsazzega et Hazzega* in *Archives d'Études Orientales*, vol. V, 2, Upsala 1916, p. 249; C. CONTI ROSSINI, *Proverbi, tradizioni e canzoni tigrine*, Roma 1942, p. 194, n. 2; ID., *Gli Atti di abbā Yonās* in *Rendiconti R. Accademia dei Lincei*. sc. mor. 1903, p. 181, n. 2. 5 Cfr C. CONTI ROSSINI in *Rassegna di Studi Etiopici*, III, 1943, p. 336; G. ELLERO, *Note sull'Enderta* in *Rassegna di Studi Etiopici*, I, 1941, p. 147. 6 Cfr *infra*, p. 5. 7 Cfr p. 5. 8 Cfr C. CONTI ROSSINI in *Rassegna di Studi Etiopici*, III, 1943, p. 340. 9 Cfr p. 25. 10 R. DE SANTIS, *op. cit.*, p. 93.

septentrional (« Mai Ueri », dans les cartes modernes), affluent du Takkazē.

Quant au « Couvent de Marie » (Dabra Māryām), le premier monastère où Filmonā fut accueilli [1], le seul renseignement que l'on peut glaner dans notre texte est que ce couvent était « au Sud de Ta'aminā » [2]. Si Ta'aminā était situé dans les environs de Bārtārwā, comme il paraît que l'on puisse le déduire des Actes de Tāddēwos [3], Dabra Māryām serait à placer dans le Tanbēn méridional.

Dans la même zone du Tanbēn méridional se trouvait, du reste, le couvent que Filmonā lui-même fonda après la mort de Tāddēwos, en suivant l'inspiration qu'il avait reçue d'un autre saint ermite, Samuel du Couvent de Hāllēluyā. Il est dit, en fait, expressément dans les Actes de Filmonā que le nouveau monastère bâti par lui était près du fleuve Wareʿ [4].

La vie de Filmonā s'est donc passée dans la deuxième moitié du XIVe siècle, dans les deux régions méridionales du Tigré : l'Endartā et le Tanbēn.

***

Avant d'examiner les informations que les Actes de Filmonā, dans ce cadre historique et géographique que nous venons de préciser, nous donnent sur l'Éthiopie et son Église, il convient de considérer la question de la date de notre texte.

L'auteur des Actes de Filmonā est sûrement un moine du monastère de Dabra Aysamā, bâti par Filmonā; et il écrivait pendant que le deuxième successeur de Filmonā était abbé de ce même couvent [5]. Les Actes devraient donc être datés de la première moitié du XVe siècle et, plus probablement, des premières années de ce siècle; ce qui nous reporterait à une date suffisamment proche des événements.

1 Cfr *infra*, p. 17. 2 Cfr *infra*, p. 25 et 35. 3 Selon les Actes de Tāddēwos, celui-ci va à Ta'aminā et de là il envoie Filmonā et Ēlyās chercher un lieu convenable pour la fondation d'un nouveau monastère (cfr R. De Santis, *op. cit.*, p. 84, où il faut modifier la traduction [italienne] ainsi : « Et, avant cela, ils recevaient la communion » etc. Le voyage à Aksum de Filmonā et Ēlyās n'est donc pas une conséquence de leur recherche qui aboutit enfin à Bārtārwā). 4 Cfr *infra*, p. 45, note 1. Le fleuve Wareʿ, qui figure dans nos cartes géographiques sous le nom de Mai Ueri, est un affluent du Takkazē, dans le Tanbēn septentrional. 5 Cfr p. 59. Le premier successeur était l'abbé Endreyās.

On peut voir aussi une confirmation de cette datation dans les citations du *Kebra Nagast (La Gloire des Rois)* [1] et du *Livre des Mystères du Ciel et de Terre* [2], deux ouvrages du XIVe siècle éthiopien. Assez insolite est, encore, la citation du « Pasteur » d'Hermas, dont nous n'avons plus qu'un manuscrit unique, qui était conservé dans le monastère de Gundagundi, au bord Nord-Oriental du plateau du Tigré [3]. Notre texte contient aussi une référence à la Vie de S. Pantaléon, très vénéré dans le Tigré, quoique le récit concernant ce saint ermite diffère ici de la rédaction que nous avons des *Acta Pantaleonis* [4]. Mais les références à tous ces ouvrages nous reportent toujours à la littérature qui avait cours dans le Tigré à la fin du XIVe siècle.

Le style des Actes de Filmonā est différent de celui des Actes de Tāddēwos, qui les précèdent dans le ms. D'Abbadie 177. L'auteur des Actes de Tāddēwos écrit dans un style simple jusqu'à la naïveté; et il ne cite aucune source littéraire, sauf peut-être les Actes de S. Victor [5]. Au contraire, notre auteur aime beaucoup à décorer le récit des gestes de Filmonā avec des morceaux de bravoure, riches en symboles plus ou moins élaborés : ce qui apparente sa manière à celle des écrivains en vogue au XIVe siècle éthiopien, comme, par exemple, l'auteur de la deuxième partie du *Kebra Nagast,* celui du *Livre des Mystères* et encore le Roman chrétien d'Alexandre et la Vie de sainte Anne [6]. Voilà donc un autre élément qui, en concordance avec ceux que nous avons examinés ci-dessus, corrobore la date que nous avons proposée. On peut donc admettre que Filmonā a vécu vers la moitié du XIVe siècle et que ses Actes ont été rédigés au plus tard une cinquantaine d'années après.

***

1 Cfr E. CERULLI, *Storia della Letteratura etiopica,* Milano 1956, p. 43-52.
2 *Ibid.,* p. 52-56. 3 A. D'Abbadie fit copier ce manuscrit unique pendant son séjour en Éthiopie, et cette copie est aujourd'hui le ms. D'Abbadie 174 (= Conti Rossini 34) de la Bibliothèque Nationale de Paris. Une photographie complète du ms. original a pu être récemment obtenue par la Bibliothèque Vaticane.
4 Cfr *infra,* p. 41 et 48-49. 5 Les Actes de S. Victor ont été édités et traduits par FR. M. ESTEVES PEREIRA, *Acta Martyrum,* I, CSCO 37 / Aeth.20 (texte) p. 227-257 et 38 / *Aeth.21* (version) p. 205-236. 6 Pour l'identification de cette littérature, cfr *Storia della letteratura etiopica,* op. cit., p. 45-62.

Quelles données les Actes de Filmonā nous ont-ils conservées sur l'organisation du monachisme éthiopien au XIVe siècle?

Il faut d'abord souligner le fait que les trois monastères de Dabra Māryām (de l'abbé Zakāryās, où Filmonā est reçu pour son noviciat), de Ta'aminā (ou Dabra Bārtārwā, le couvent de l'abbé Tāddēwos, oncle de Filmonā) et de Dabra Aysamā (fondé par Filmonā lui-même) forment un groupe, qui paraît jouir d'une autonomie propre dans l'ensemble du monachisme de l'Éthiopie du Nord. Mais ce groupe, expansion d'une maison-mère par ses filiales en différents endroits, cherche aussi à se faire agréer dans le système général du monachisme éthiopien, en diffusant et en multipliant les récits de ses contacts avec les représentants d'autres groupes de couvents. C'est ainsi que Filmonā rencontre Samuel du monastère tigréen de Hallēluyā, le chef et fondateur d'un autre célèbre groupe monastique dans la région même où Filmonā et Tāddēwos ont agi [1]. La rencontre de Filmonā avec Samuel de Hallēluyā paraît être historique, parce qu'elle est attestée par les Actes de Filmonā [2], par ceux de Tāddēwos [3] et par ceux de Samuel lui-même [4]. Cela ne présente pas de difficultés chronologiques, parce que nous savons que Samuel vivait pendant le règne du négus Sayfa Ar'ad (1344-1372), comme nous l'avons déjà dit [5].

Mais plus remarquable encore est la rencontre de Filmonā avec un grand personnage du monachisme du Sud de l'Éthiopie: Gabra Manfas Qeddus. Ce moine fut le fondateur du couvent de Zequālā dans le Sud du Choa, probablement au XIIIe siècle, quoique ses Actes [6] soient légendaires et assez tardifs, probablement de la fin du XVe siècle. Or il est intéressant de voir comment l'auteur des Actes de Filmonā a cherché pour son protagoniste aussi un contact avec le monachisme du Sud; et, par surcroît, que ce contact soit pris, dans notre texte, avec Gabra Manfas Qeddus, isolé avec son monastère dans l'organisation du monachisme méridional, et non pas avec Takla Haymānot, le fondateur du couvent de Dabra Asbo (appelé plus

1 Cfr E. Cerulli, *Gli Atti di Zēnā Māryām* in *Rivista degli Studi Orientali*, XXI, 1946, p. 123-124 2 Cfr *infra*, p. 45. 3 R. De Santis, *op. cit.*, p. 102. 4 Cfr C. Conti Rossini in *Rassegna di Studi Etiopici*, III, 1943, p. 336-337. 5 Les Actes mentionnent aussi une visite de Filmonā au « sanctuaire de notre père Yoḥannes » (cfr *infra*, p. 55), autre couvent du Tigré. 6 *Storia della letteratura etiopica*, cit. p. 100-101.

tard Dabra Libānos), maison-mère de la plus grande partie des couvents du Choa. Cette attitude de notre auteur pourrait aussi être un indice qu'il écrivait plutôt vers la fin du XIVe siècle que pendant le XVe siècle, époque où Dabra Libānos (et, par conséquent, son saint : Takla Haymānot) était en grande faveur à la cour royale.

Un autre centre monastique est cité comme but d'un voyage de Filmonā : le Wāli ou Wāldebbā; toutefois, Filmonā ne rencontre dans le Wāli que des nonnes en voyage; le saint local, Samuel du désert de Wāli [1], n'est même pas mentionné. Ce dernier était un contemporain du négus Dāwit Ier, qui régna de 1382 à 1411; il avait été ordonné moine par Madḫānina Egzi'e, abbé de Dabra Bankual, le même qui ordonna Tāddēwos, selon les Actes de ce dernier [2].

*
**

La règle fondamentale des communautés monastiques où Filmonā a vécu, est que : « Il n'y avait aucun qui dît parmi les moines : Ceci est à moi et ceci est à toi. Mais tous leurs biens étaient en commun » [3]. Il s'agit, presque mot à mot, de la même formule énergiquement rédigée dans un statut de la communauté éthiopienne de Scété (de 1419-1420) : « Qu'ils ne disent pas entre eux : Ceci est à moi et ceci n'est pas à moi. Mais qu'ils soient comme une seule âme et une seule communauté » [4]. C'est un point sur lequel les règles monastiques des pèlerins (de Jérusalem et d'Égypte) sont toujours sévères jusqu'aux moindres détails.

Les moines sont obligés à participer personnellement aux travaux qui intéressent le monastère. Et nous les voyons, dans les Actes, travailler à la construction du nouveau couvent à l'emplacement que Filmonā avait choisi : « (Filmonā) donna à tous ses fils l'as-

1 Samuel « du désert de Wāli » ou Samuel « de Wāldebbā »; sa commémoration est célébrée le 12 du mois de *tāḫšāš* selon le Synaxaire éthiopien (cfr E. A. Wallis Budge, *The Book of the Saints of the Ethiopian Church*, Cambridge 1928, vol. IV, p. 365-366; et *Patrologia Orientalis*, XV, p. 737-741, texte et trad. par S. Grébaut). Sa vie a été aussi résumée et étudiée par Boris Turaiev in *Vyzantijskij Vremennik*, XIII, 1906, p. 300-307 (*Někotoryja žitija abissinskikh sviatykh*). 2 C. Conti Rossini in *Rassegna di Studi Etiopici*, III, 1943, p. 336. 3 Cfr p. 31. 4 Cfr E. Cerulli, *Etiopi in Palestina*, vol. II, Rome 1947, p. 369-371 et p. 386-387.

sistance et la force de porter des arbres et des pierres, la vigueur pour transporter l'eau et la terre ...... afin qu'ils puissent ajuster exactement les bases (de l'édifice) et le coupage des colonnes » [1]. Et notre auteur, en décrivant les moines, qui se dévouaient aux différents travaux, chacun selon ses capacités de maçon, charpentier, porteur etc., explique par un tour charmant : « Ainsi donc tous ses fils, les moines, étaient à courir comme des oiseaux pour l'édification de cette résidence » [2]. Bien entendu, cette corvée n'était pas non plus acceptée de gaieté de cœur par tout le monde; et le texte montre Filmonā qui, par un miracle, doit punir un moine qui sous un faux prétexte de maladie, aurait voulu échapper à un travail trop lourd [3].

***

La discipline de l'hospitalité a déjà une importance remarquable dans les statuts que nous avons publiés ailleurs [4]. Deux récits des Miracles de Filmonā concernent l'économe du couvent, qui est préoccupé parce qu'il manque des vivres suffisants pour nourrir les moines eux-mêmes et accueillir un hôte de passage. La disette est miraculeusement surmontée, les moines et leur hôte trouvent ce qu'il leur faut de pain : la loi de l'hospitalité est sauvée [5].

Filmonā, selon ses Actes, va une fois au marché de la ville la plus proche pour vendre les fruits du jardin du couvent et acheter des vivres pour les moines [6]; une autre fois encore il se rend à la ville pour chercher des ustensiles de cuisine, qui cette fois lui sont donnés charitablement [7]. La fréquentation des marchés pour les besoins des monastères n'était donc pas interdite en principe, quoique, après son premier voyage en ville, Filmonā se reconnaisse coupable, envers Tāddēwos et la discipline monastique, d'une faute qui, comme nous le verrons, n'est pas spécifiée dans les Actes [8].

1 Cfr p. 47. 2 Cfr p. 52. 3 Voir p. 53-54. La participation des moines aux travaux nécessaires au couvent est attestée aussi dans les Actes de Batra Māryām (E. Cerulli, *Gli Atti di Batra Māryām* in *Rassegna di Studi Etiopici*, IV, 1944-1945, p. 137-139) et de Krestos Samrā (CSCO 163 / Aeth.33 (texte) p. 52 et 164 / *Aeth.34* (version) p. XII et 36). 4 *Etiopi in Palestina*, cit. vol. II, p. 372; *Atti di Batra Māryām*, cit. p. 139. 5 Cfr p. 56-57. 6 Cfr p. 32-33. 7 Cfr p. 36. 8 Cfr p. 33.

Filmonā défend expressément à ses moines de parler à l'intérieur de l'église; de parler par les fenêtres de l'extérieur à l'intérieur de l'église; et surtout de parler au moment de la consécration et de la distribution des espèces eucharistiques [1], ce qui serait, naturellement, la profanation la plus grave. Les violations de ces règles sont caractérisées dans les Actes par des comparaisons différentes, et on peut supposer qu'elles étaient punies de peines différentes.

Les travaux agricoles sont permis ou plutôt ouvertement recommandés (sur la base de *Ps.* CXXVII, 2 : *Labores manuum tuarum quia manducabis : beatus es, et bene tibi erit*). Mais Filmonā lui-même est repris durement par Tāddēwos pour son excès de zèle dans le travail agricole (« O mon fils, n'augmente pas les œuvres de la terre, pour que ne te submerge pas la condition de ce monde! ») ; et il s'inflige volontairement une cruelle punition pour cette exagération dans le travail manuel [2].

***

Les Actes contiennent, en fait, deux récits de peines diciplinaires. Selon le premier récit, Filmonā, qui est le coupable, se présente à l'abbé du couvent de Ta'aminā, son oncle Tāddēwos, en courbant la tête et en portant une grande pierre sur son cou : ce qui était l'usage courant éthiopien pour les actes de soumission, même dans le monde profane. Arrivé devant la grotte où l'abbé demeure, Filmonā commence à se prosterner en faisant une grande métanie; il se relève après la métanie et il se prosterne une deuxième fois, et ainsi de suite « comme une roue », jusqu'au moment où l'abbé lui signifie qu'il est pardonné [3].

L'autre peine à laquelle Filmonā s'est soumis de sa propre volonté, selon les Actes, est celle de se coucher sur la cendre, face au soleil, et de rester en cette posture pendant quatre heures, « enflammé (par le soleil) comme du feu, et l'ardeur des cendres (au dessous de lui) étant comme l'ardeur de la flamme » [4].

La sévérité de la discipline correspond assez bien aux duretés et aux rigueurs de l'ascétisme éthiopien [5].

***

[1] Cfr p. 61. [2] Cfr p. 37-39. [3] Cfr p. 33. [4] Cfr p. 37-39. [5] D'autres exemples de cette sévérité ascétique éthiopienne sont analysés e.g. dans

Les Actes de Filmonā contiennent des informations sur les pratiques de l'ascèse des moines du Tigré (au XIVe siècle). D'abord, les jeûnes. La viande et les boissons alcooliques sont formellement interdites à Filmonā. Pendant sa retraite dans l'ermitage il ne mange que tous les trois jours. Pour le reste, il se nourrit de quelques fruits sauvages desséchés, et il ne boit pas plus d'eau que n'en contient le creux de sa main. Après chaque repas il fait nombre de métanies expiatoires. Pendant le Carême, il ne mange que le dimanche. Les autres jours il ne prend encore que des fruits sauvages. On nous le montre en retraite avec son oncle Tāddēwos, se nourrissant d'herbes cueillies dans les prés.

Une autre pratique de l'ascèse éthiopienne, qui nous est déjà attestée par les Actes de plusieurs saints de l'Éthiopie du moyen âge (e.g. Takla Haymānot; Krestos Samrā; Zēnā Māryām, etc.), est aussi suivie par Filmonā : la mortification corporelle qu'on se donne en se tenant debout pendant une longue période de temps sans prendre du repos, en prière ou en méditation [1].

Nous avons déjà cité la pratique de se coucher par terre les yeux vers le soleil; mais dans les Actes de Filmonā cela est plutôt une punition disciplinaire.

***

Il faut encore souligner que notre texte prouve l'usage courant de l'isolement des moines pour une période de retraite. Filmonā et son oncle Tāddēwos, sortent de leur monastère et s'en vont dans un endroit désert, qu'il faut supposer peu éloigné du couvent; et là, dans cet ermitage, ils s'adonnent à un ascétisme encore plus rigoureux et à la prière [2]. Après cette retraite on revient au couvent. On voit une pratique semblable dans les Actes de Zēnā Māryām, une nonne du XIVe siècle dans une autre région de l'Éthiopie du Nord, les rivages du Lac Tana [3]; ce qui atteste

les *Atti di Zēnā Māryām*, cit. p. 131-132; *Atti di Krestos Samrā*, cit. trad. p. IX-XI.

1 Cfr p. 32; et *Atti di Krestos Samrā*, op. cit., trad. p. IX; *Atti di Zēnā Māryām*, cit. p. 131; et mon article *Gli abbati di Dabra Libānos, capi del monachismo etiopico* in *Orientalia*, XII, 1943, p. 228 (et la bibliographie citée ib., note 1). 2 Cfr p. 36-37. 3 *Atti di Zēnā Māryām*, cit. p. 131.

que l'alternance de la vie en commun dans les couvents avec la solitude en cellule était assez répandue à cette époque.

*
**

Filmonā tenta une première fois de se faire accueillir dans un monastère, dont on ne nous dit pas le nom. Mais les moines, après qu'ils l'eurent accueilli honorablement, informèrent son père, gouverneur du district, lequel vint au couvent et se fit rendre son fils [1]. Cela attesterait probablement que le consentement du *pater familias* était nécessaire, au moins pour les mineurs d'âge, pour l'admission dans la vie monastique. Il ne faut pas non plus oublier que, selon la coutume éthiopienne, l'émancipation se gagnait *per separatam oeconomiam* et non seulement parce qu'on avait dépassé une limite d'âge fixée. D'autre part, lorsque Filmonā, après ce premier incident, se présente à un autre monastère (celui de Dabra Māryām), l'abbé lui demande — selon les Actes — le nom de ses parents, mais à la réponse évasive de Filmonā (« Pourquoi m'interroges-tu au sujet de mon père et de ma mère? Pour eux, que le Seigneur les garde là où ils se trouvent! ...... Ici je n'ai pas de père ni de mère, sinon uniquement le Seigneur ») [2] aucune suite n'est donnée à la question, soit que Filmonā à ce moment fût déjà considéré comme majeur, soit que l'éloignement du couvent (de Dabra Māryām) du pays natal de Filmonā ait rendu impossible ou inutile une requête de consentement.

*
**

Selon notre texte, Tāddēwos « institua Filmonā le premier pour qu'il devînt maître sur ses brebis à sa place » [3], son premier successeur dans la charge d'abbé, si l'on entend littéralement ces mots. Filmonā, abbé, dit à Endreyās : « Tu es celui qui sera après moi pour servir les moines » [4]. Par deux fois, donc, la succession résulte ici d'une désignation faite par l'abbé prédécesseur, et non par élection de la part de l'assemblée des moines profès, l'investiture étant donnée par le Négus. Or la même règle de succession par désignation est appliquée au XVIIe siècle au monastère de Zagē

1 Cfr p. 9-10. 2 Cfr p. 19. 3 Cfr p. 40. 4 Cfr p. 59.

où, selon ses Actes, Batra Māryām désigne son successeur Bartalamēwos [1]; tandis que, au XVIe siècle, dans le monastère célèbre de Dabra Dimā, l'abbé Takla Alfā, selon ses Actes, est élu par l'assemblée des moines et reçoit l'investiture du négus Lebna Dengel [2]. L'élection de l'abbé était faite, comme nous le voyons, selon des méthodes qui dans les détails différaient de couvent à couvent.

***

Les récits des miracles de Filmonā suivent les Actes dans le ms. D'Abbadie. Parmi ces miracles il y en a neuf qui sont accomplis par Filmonā pendant sa vie; et deux que notre texte place pendant les pèlerinages à son tombeau. Ces deux récits se réfèrent ainsi à la vénération du tombeau de Filmonā, dans les premiers temps après sa mort; le deuxième récit nous atteste que les malades étaient placés sur le sépulcre dans l'attente de la guérison miraculeuse [3].

De son vivant, Filmonā opère deux miracles en projetant sa salive sur la partie du corps à guérir : la main d'un moine et la jambe d'un malade. Le malade, dans ce deuxième exemple, est invité par le saint à compléter ses dévotions par un pèlerinage au tombeau d'un saint ʿEnbāqom (non identifiable, mais certainement vénéré dans le Tigré) et il obtient sa guérison définitive en touchant le tombeau qu'on lui avait indiqué [4].

***

Les Actes et Miracles de Filmonā sont précédés, dans le ms. D'Abbadie, par deux poésies; nous les avons éditées à la fin du volume. Ces deux pièces, dont l'une est un *malke'* (« Effigie ») selon les règles traditionnelles [5], ont été composées longtemps après les Actes et probablement pas avant le XVIIe siècle.

Le dossier que forment les Actes, les Miracles et les Vers en l'honneur de Filmonā, offre un intérêt considérable pour l'histoire

1 *Atti di Batra Māryām*, cit. p. 137. 2 Cfr E. Cerulli, *Atti di Takla Alfā* in *Annali R. Istituto Orientale di Napoli*, II, 1943, p. 6, 14, 55-56 3 Cfr *infra*, p. 58. 4 Cfr p. 55. 5 Cfr *Storia della letteratura etiopica*, op. cit., p. 232-235.

de la spiritualité éthiopienne au XIVe siècle. Nous devons beaucoup de reconnaissance au regretté abbé Maurice Allotte de la Fuÿe, qui avait consacré à l'édition et à la traduction de ces textes des années de travail scrupuleux, ainsi qu'aux maîtres qui l'avaient guidé dans ses recherches : Marcel Cohen et le regretté Mgr S. Grébaut.

J'ai aussi revisé la traduction entièrement — ce que l'abbé Allotte n'avait pas pu faire avant son décès — et j'ai ajouté cette Introduction et les notes qui sont incluses entre parenthèses.

Enrico Cerulli.

ACTES DE FILMONĀ

* *Au nom du Père et du Fils et du Saint-Esprit,* un seul Dieu. * p. 1
Récit composé par un des hommes qui habitent les places de Sion [1], concernant les hauts faits ascétiques de notre père Filmonā le bienheureux ascète, qui se lit au jour de sa commémoration, le 22 du mois de *tāḫšāš.* Que sa prière et sa bénédiction soient sur son serviteur Habta Māryām, pour les siècles des siècles. Amen.

(L'auteur) n'a pas donné son nom, parce qu'il se savait pauvre, d'humble condition et bègue de langue; mais on fait justement bon accueil à celui qui dit la vérité sur les combats des saints ascètes et sur les purs élus, afin que leur histoire devienne un gain pour tous ceux qui l'entendront et qu'ils deviennent espoir et salut pour tous ceux qui sont rassemblés, comme dit le Livre : *A l'audition du récit concernant les justes, les fidèles se réjouissent, l'Église se réjouira, la Sion (céleste) se réjouira, se réjouiront tous : les gens, les peuples, les nations et les pays, au sujet des miracles, des prodiges qui s'accomplissent sur leurs saints tombeaux* [2], comme dit l'Écriture à leur sujet : *Le Seigneur est admirable dans ses saints. C'est le Dieu d'Israël qui donne la puissance et la force à son peuple* [3]. Vraiment donc, le Seigneur Dieu a donné la puissance et la force à tous ses saints pour vaincre Satan et tous ses démons méchants aux pieds de bœuf, aux doigts crochus comme les ongles des porcs, qui mordent le cerveau de la tête et dont les dents sont aiguisées comme des épées. De leur bouche sort une fumée, muraille de ténèbres puantes. Extrêmement fétide est la fumée de cette puanteur. De leurs narines sont rejetés * des serpents de * p. 2
feu, des scorpions enflammés, des vipères de la géhenne. Lorsqu'ils vomissent, coule de leurs lèvres un amer venin de mort.

A la vue de tous ces maux, causés par les démons méchants, le Seigneur Dieu envoya du ciel son ange lumineux appelé Gabriel pour annoncer, à la fille du roi David, l'incarnation du Verbe du Père, Roi; et lorsqu'il eut annoncé exactement (cette nouvelle) à

1 [*Zach.*, VIII, 4 (cfr *Jer.*, V, 1).] 2 [Cfr *Eccli.*, XLIV, 1-2, 15; XLII, 17; XLVIII, 15.] 3 [*Ps.* LXVII, 36.]

l'Arche de la Loi du Seigneur [1], d'elle s'incarna le Verbe du Père et (celui-ci) devint homme parfait, sans aucun péché. Il a vaincu les démons par la puissance de son humilité, il a rendu vains leurs desseins, il a brisé leur force et il a donné aux saints la puissance et la force de fouler aux pieds le diable et ses démons méchants pour en triompher par la vertu de la Croix de Jésus-Christ. C'est pourquoi il a dit lui-même dans le saint évangile : *Je vous ai donné le pouvoir de fouler aux pieds les serpents et les scorpions et toute la puissance de l'ennemi* [2]. Gloire à lui qui leur a donné la victoire par la vertu de sa Croix sur tous ses ennemis pour les siècles des siècles. Amen.

Revenons donc au début du récit (pour) exposer exactement ce qui concerne le combat spirituel de notre père Filmonā le bienheureux ascète. Ô mon Seigneur Jésus-Christ, Fils du Dieu vivant, converse avec moi dans le chuchotement de ta vérité que tu as fait dire à l'ânesse de Balaam, quand il s'en alla pour maudire les enfants d'Israël en les ensorcelant par ses sortilèges, sur l'ordre de Bāleq, fils de Sāfor, roi d'Amalec. Tu as changé sa malédiction en bénédictions et il a béni Israël ton peuple [3], parce qu'il est béni depuis l'origine. De même pour moi, ô Seigneur, tourne mon cœur vers la science de ta glorification, et assaisonne l'insipidité de ma langue du sel de ta divinité pour que je raconte le combat spirituel de mon père Filmonā, le bienheureux ascète qui a pratiqué ton bon plaisir et ta volonté. En vérité, il fut parfait dans sa vie
* p. 3 monastique. Agréable (fut) * la voix de sa bouche qui réjouit les cœurs de l'homme par la suavité de son langage; doux comme le miel (fut) son gosier qui exprimait la suavité de la parole de la glorification du Très-Haut; joyeux comme le vin (furent) ses yeux qui faisaient couler les larmes comme une source d'eau, et comme une fontaine dans la tente d'Emmanuel [4]; et comme une étoile lumineuse qui apparaissait au loin. Vraiment donc, il était une étoile de gloire qui illuminait les cœurs de ceux qui venaient vers lui de lointains pays. (Il fut) comme un vignoble spacieux planté auprès d'un cours d'eau,

1 [Pour l'identification de la Vierge Marie avec l'Arche de la Loi, cfr mon art. *La littérature éthiopienne dans l'histoire de la culture médiévale* in *Annales de l'Institut d'Études Orientales et Slaves de l'Université de Bruxelles*, 1957].

2 *Luc.*, X, 19. 3 *Num.*, XXII-XXIV. Balak est roi de Moab et non d'Amalec, selon le texte biblique. 4 [Cfr *Is.*, XLI, 18.]

refuge ombreux de nombreuses brebis; ceux qui mangent de sa nourriture éructent la sagesse [1], l'intelligence et la science, c'est-à-dire la crainte du nom du Seigneur et le culte divin dans la foi droite. Lui (Filmonā) qui demeure sur le bassin aux grandes eaux [2]; qui fait boire son troupeau, en puisant avec une coupe d'or pur des deux mamelles de l'Épouse [3], c'est-à-dire des deux lois : la loi mosaïque et la parole du saint évangile. D'une loi découle le vin de vie divine : c'est cela donc qui a été appelé la mamelle de gauche de la sainte Sion de laquelle ont bu tous les prophètes. Ils se sont enivrés de prophétie, ils ont prophétisé au sujet de la venue du Fils de Dieu. Et de l'autre loi découle un fleuve de lait spirituel. C'est donc elle qui a été appelée la mamelle droite de la table sainte, de laquelle ont bu tous les peuples de la dispersion, les fils de la sainte Épouse. Y ayant puisé, notre père l'ascète a abreuvé ses brebis du lait de la vie spirituelle et il les a fait fructifier des baies de justice, l'un trente, l'autre soixante, l'autre cent [4]. En vérité, bienheureux celui qui a rapporté son talent avec son profit; qui a produit des baies de justice dans l'enclos du Salomon nouveau [5]; bois de saule, qui a fleuri dans la fertilité du jardin où se trouve la tente de Salomon qui a été élevée et qui a grandi sur un *Talfeyos* [6] odoriférant *comme le nard choisi, comme le cèdre* [7], * colonne solide qui ne vacille absolument pas, établi sur un spacieux trône d'or; qui a été piloté dans la barque du saint évangile, qui est le guide de ses brebis vers la vie éternelle. Que la puissance de sa prière soit pour nous le port et le salut dans les siècles des siècles! Amen. * p. 4

Revenons donc à ce qui précède, interrogeons nos pères qui nous ont devancé, comme il est écrit au sujet de Moïse dans le Deutéronome : *Interroge ton père et il te (le) dira et tes anciens,* et ils t'exposeront comment le Très-Haut a divisé les peuples et comment il a dispersé la postérité des enfants d'Adam et *disposé les peuples, chacun selon leurs territoires,* chacun selon leurs familles, et chacun selon leurs contrées [8]. A ce sujet, je vous interroge donc, ô mes pères, pour que vous me renseigniez exactement sur le pays, la ville et la parenté de notre père Filmonā, le bienheureux ascète. Je vous interroge, moi, pour que vous m'exposiez son histoire, vous

1 [*Ps.* XLIV, 1.] 2 [*Cant.*, V, 12.] 3 L'Épouse est l'Église du Christ. Cfr *Eph.*, V, 22-30. 4 Cfr *Matth.*, XXV, 14-30. 5 C'est-à-dire le Christ. 6 *Cant.*, IV, 14. 7 *Cant.*, V, 15. 8 *Deut.*, XXXII, 7-8.

qui avez demeuré avec lui, vous qui avez connu sa bonté et sa vigilance, parce que vous ont été données *les clés du royaume des cieux* [1]. Vous êtes les docteurs de la Sainte Église. Ainsi vous a-t-il été donné de connaître ce qui est dans les cieux et ce qui est sur la terre, par la force de l'Esprit de Jésus-Christ qui demeure sur vous. Ne dois-je pas, moi, vous faire connaître ce que j'aurais appris de vous et ce que j'aurais appris auprès de ses fils illustres (ses moines), vases d'or bénits, simples comme les colombes; et (lorsque) j'aurai, grâce à vous, réuni (le nécessaire), comme l'abeille qui butine de toutes les fleurs et fait des rayons de miel, ainsi j'aurai, de vos paroles, sans exagération, tout rassemblé et je ferai mon exposé, aidé par la force de la prière de notre père Filmonā, le bienheureux ascète.

Écoutez donc, vous qui êtes réunis dans cette église sainte et qui vous tenez dans son monument sépulcral, dans la foi de Notre Seigneur Jésus-Christ, comme a dit le prophète : *J'ouvrirai ma* * p. 5 *bouche en paraboles et je dirai, conformément* * *à ce qui vient du passé tout ce que nous avons entendu et vu et ce que nous ont raconté nos pères* [2]. Écoutez-moi donc et prêtez-moi l'oreille, afin que je vous expose exactement ce qui concerne la parenté et la région de notre père Filmonā, étoile célèbre. Quant à son pays, il est situé à l'Orient du Midi; car, ce (n')est (pas) de mon chef que je l'ai appelé étoile du pays du midi, mais je lui ai donné ce nom de la part de l'Emmanuel, notre Dieu, qui a dit dans le saint évangile : *La reine du Midi se lèvera et elle sera jugée au jour de la rétribution avec cette génération, parce qu'elle est venue des extrémités de la terre pour entendre la sagesse de Salomon. Et voici que se trouve ici qui est plus grand et plus illustre que Salomon* [3]. Vraiment donc se trouve ici le Christ dans la terre d'Égypte [4], dont la royauté est plus puissante que celle de tous les rois de la terre. Et, quant à la royauté de Salomon, elle est de la terre; mais la royauté de l'Emmanuel, elle est

1 [*Matth.*, XVI, 19.] 2 *Ps.* LXXVII, 2. 3 *Matth.*, XII, 42. 4 [Allusion probable à la bénédiction donnée par l'Enfant Jésus, pendant la fuite en Égypte, au désert de Scété, selon la tradition éthiopienne. Cfr E. CERULLI, *Il Libro etiopico dei Miracoli di Maria e le sue fonti nelle letterature del Medio Evo latino*, Roma 1943, p. 183. Le désert de Scété, avec ses célèbres monastères, était cité souvent comme type même de la région entièrement destinée au monachisme.]

d'En-Haut, comme dit le prophète Isaïe : *Dans ses poignets (réside) la toute-puissance de sa royauté et il jugera le monde par son bras, il est plus élevé que les rois de la terre*[1], à Lui gloire à jamais! Amen.

Revenons donc à notre exposé ci-dessus concernant la terre du Midi, parce que Notre Seigneur a appelé l'Éthiopie « terre du Midi, » dans le saint évangile[2]; et maintenant elle est appelé la ville de Sion[3], la sainte, parce que d'elle a été engendré un peuple saint et fidèle qui *a lavé ses vêtements dans le sang de l'Agneau*[4]. Et à cause de cela, j'ai nommé la ville des parents de notre père Filmonā, docteur véritable de la loi et j'ai dit, dans l'ordre du discours : « Sa ville (était) à l'Orient du Sud »[5]. Son lieu de naissance, là où il est né, est Sebṭā[6]. Son père (était) des grands de la ville; ils étaient illustres. Quant à la terre de Sebṭā, il n'en est point de pareille dans le pays de l'Éthiopie, ni dans toute la région d'Aksum (Sion). Là, * en elle, de nombreux canaux qui irriguent * p. 6
ses environs, là des vignobles et des fruits de grenades, et dans ses champs, abondent les canaux (d'irrigation) de blé et les canaux (d'irrigation) d'orge et ne cessent pas dans ses régions, la maturation du blé et de l'orge , soit en été, soit en hiver. Il n'est rien de semblable à cette terre, sinon la Terre de l'héritage où *coule le lait et le miel*[7].

1 Cfr *Is.*, LI, 5. 2 [Dans le passage, cité ci-dessus, de l'Évangile de S. Matthieu. « la reine du Midi » étant la reine de Saba, mère de Menilek Ier selon la tradition éthiopienne, le « Midi » de son titre royal dans l'évangile est donc l'Éthiopie.] 3 [« Sion » est ici : Aksum, d'après le vocable de son église principale : Sainte Marie de Sion.] 4 *Apoc.*, VII, 14. 5 [La ville où Filmonā est né a été indiquée par notre auteur dans le texte ci-dessus par la périphrase « l'Orient du Midi », parce que le « Midi » désigne l'Éthiopie, donc aussi sa capitale Aksum (= Sion) dans le passage de S. Matthieu cité auparavant; et le lieu de naissance, où l'Étoile du monachisme (Filmonā) s'est levée, est situé géographiquement à l'Est d'Aksum.] 6 [On ne peut pas identifier Sebṭā avec le village du même nom qui existe encore aujourd'hui dans la région du Šīrē; parce que cette région se trouve dans le Tigré, à l'Ouest d'Aksum. Une autre localité Sebṭā (prononcée aujourd'hui : Šebṭā) se trouve dans l'Endartā, au Sud-Est d'Aksum. Maintenant, selon les données de notre texte, c'est donc avec ce village de l'Endartā qu'il faut identifier, plus probablement, la patrie de Filmonā. Cfr aussi ce que Conti Rossini avait dit au sujet du lieu de naissance de Tāddēwos de Bārtārwā, oncle de notre Filmonā, dans la *Rassegna di Studi Etiopici*, III, 1943, p. 336.] 7 *Ex.*, VIII, 17 etc.

Son père était gouverneur de la ville de Sebṭā. Il avait en sa maison des richesses nombreuses. Et de plus, il avait des biens : des bœufs, des moutons, des chèvres, des mulets, des chevaux et des ânes que lui avait laissés son père Ēlsāʿ, quand il alla (embrasser) la vie monastique avec Tāddēwos, son fils, dans le désert et avec ses deux filles. La première s'appelait Yolyānā et la seconde Mekeḥenna Māryām, qui était la plus jeune selon son âge. Et dans la suite, elles émigrèrent avec leur père et avec leur frère Tāddēwos sans retourner dans leur pays. Elles achevèrent leur combat dans un couvent et moururent dans la paix ; et elles entrèrent avec les cinq vierges sages dans le palais royal de l'Époux céleste, portant avec leurs lampes l'huile dans les ampoules [1] et elles héritèrent du royaume des cieux. Que, par la puissance de leurs prières, le Christ ait à jamais pitié de nous! Amen.

Quant à son premier-né, il demeura où il était, il hérita de tout l'héritage de son père et fut beaucoup plus riche que tous les gens qui habitaient aux alentours de cette région et il épousa une femme de la race de Bōrā, fille de gens illustres parmi les grands de la ville et les chefs, qui s'appelait Salamāwit et elle excellait par ses œuvres et la beauté de son visage comme Sarah et Rachel, et réjouissait le cœur des hommes. Il engendra d'elle cinq enfants dont une fille qui s'appelait ʿAṣada Wayn (enclos de vigne). Ces enfants obéissaient à leur père et tout le monde les aimait à cause de la beauté de leurs
* p 7 œuvres. * Tandis qu'ils demeuraient ainsi, mourut leur mère et on l'enterra en paix. Tous les gens de la ville pleurèrent sur elle à cause de sa bonne conduite et de ses belles actions. Quant aux enfants, ils pleuraient avec leur père, parce qu'ils étaient orphelins par la mort de leur mère. Par après, leur père réfléchit dans son esprit et dit : « Qui élèvera ces orphelins, si je n'épouse pas une femme qui les élèverait et les soignerait ? » Ensuite, il épousa une femme qui éleva les enfants et les aimait beaucoup comme des enfants qu'elle aurait enfantés.

Quant à notre père Filmonā, il était petit et son père fit de lui le gardien de ses moutons. Il confia un de ses jeunes fils à un précepteur pour que ce dernier lui enseignât la sagesse, la discipline et le Psautier de David. Il aimait extrêmement ce fils à cause de

1 *Matth.*, xxv, 4.

la beauté de sa forme. Et l'aspect de son visage et la beauté de sa taille étaient de tout point très agréables. La femme de son père aimait notre père Filmonā plus que tous ses frères, mais son père ne l'aimait pas parce qu'il n'avait pas d'aspect ni de disposition de beauté. Il ne savait pas que la grâce du Seigneur était sur lui, parce que le Seigneur n'approuve pas la beauté du visage sans un cœur doux et humble. Or notre père était *doux et humble d'esprit* [1] depuis sa jeunesse et, tandis qu'il faisait paître ses brebis, il ne savait autre chose que (redire) : « Gloire soit au Dieu de justice uniquement ! » Lorsqu'il était couché, il ne disait pas avec les (autres) enfants des paroles oisives, des propos vains et vides, mais les louanges de son Dieu et la beauté du culte du Dieu du ciel et, lorsqu'il s'éveillait la nuit, il écoutait et entendait les paroles de glorification de David le prophète. Se tenant debout devant lui à l'extérieur à l'embrasure de la fenêtre de la maison, il écoutait, tandis que le maître disait à ce garçon, l'une après l'autre, les paroles (de David) [2]. Il retournait dans son esprit et il fixait les paroles qu'il avait entendues du maître * et (le maître) ne l'introduisait * p. 8 pas chez lui parce que son père (le) haïssait. Or un jour, se tenant debout, à la porte de la maison, il demanda à ce maître qu'il lui exposât (son enseignement) en cachette. Mais son père, s'il l'avait entendu, se serait mis dans une violente colère contre lui et l'aurait chassé pour qu'il fit paître ses moutons. C'est alors qu'il acheva d'apprendre les cent cinquante psaumes de David et toutes les paroles des prophètes, comme dit l'Écriture : *Mieux vaut ce que l'Esprit enseigne que ce que l'homme enseigne* [3].

Quant à ce fils que le père aimait, il était fruste et la parole du Seigneur qui lui avait été enseignée oralement n'était pas assimilée par son esprit et à ce sujet donc mieux vaut ce que le Seigneur aime que ce qu'aiment les hommes. Écoute d'abord ce que signifie ce proverbe. A Jacob, son père préférait Esaü, son fils aîné, pour l'éclat de son visage, la beauté de son aspect, parce qu'il était joli, de belle stature, dans la force de la jeunesse. La beauté de son visage était comme la fleur de la rose rouge et la beauté de sa

1 *Matth.*, XI, 29. 2 [Filmonā, se tenant debout derrière la fenêtre de la maison, écoutait la leçon que le précepteur faisait à son frère sur les Psaumes de David.] 3 Cfr *Act.*, IV, 19.

taille comme le cèdre du Liban et l'odeur de ses vêtements comme le parfum des champs. Quant à Jacob, sa mère l'aimait, parce qu'il était doux et modeste. Il n'avait pas la beauté du visage. A cause de cela, Isaac son père n'aimait pas Jacob son fils, mais, pour sa mère, elle aimait Jacob son fils plus qu'Ésaü son premier-né, le plus grand [1].

Ensuite, Isaac dit à Esaü : « Apporte-moi de ce que tu as chassé, afin que je mange et que je me rassasie, *pour que mon âme te bénisse toi-même, avant que je meure* » [2]. Aussitôt, Esaü son fils alla chasser dans la plaine. Tandis qu'Esaü était dans les champs, au lieu de la chasse, Rebecca sa mère appela de suite Jacob son fils et lui donna *un chevreau* pour préparer un mets à son père et Jacob la prépara et *alla vers son père* en portant cette viande. Il lui dit : *Lève-toi, père, afin de manger la chair que j'ai apportée pour toi.* Isaac lui dit : * p. 9 * *Qui es-tu?* et Isaac lui redit : *Qui es-tu?* Et Jacob lui dit : *Je suis Esaü ton fils* [3]. Or *Isaac ne voyait pas car ses yeux étaient appesantis par la vieillesse.* Il mangea, se rassasia et bénit son fils : *Que ta bénédiction soit des largesses de la terre et de la rosée du ciel!* [4] et il lui donna le *sacerdoce* et la *royauté* pour être *un peuple et des peuples.*

Vois donc que le Seigneur ne veut pas la beauté du visage, ni la parure de l'aspect, mais le Seigneur veut un cœur doux et un esprit humble, comme dit le prophète : *Auprès de qui demeurerai-je, dit le Seigneur, sinon auprès du doux et de l'humble d'esprit qui tremble à ma parole. Auprès de lui je planterai ma tente et en lui j'établirai ma demeure à jamais* [5].

En vérité l'Esprit de la grâce du Père demeura sur lui, sur notre père Filmonā, le bienheureux, parce qu'il était doux de cœur et pur dans sa chair; il ressemblait aux anges, bien que charnel; alors qu'il était terrestre, il devint spirituel, il se revêtit de la *cuirasse de justice* [6], (vêtement) de fer, c'est-à-dire du *vêtement de lumière* préparé pour la gloire de son Dieu. Il n'interrompait pas la glorification du Très-Haut; lorsqu'il paissait les moutons de son père, il ne cessait pas de redire jour et nuit les psaumes de David, il psalmodiait depuis le début jusqu'à la fin et il poursuivait

[1] *Gen.*, XXV, 28. [2] *Gen.*, XXVII, 3-4. [3] *Ibid.*, 18-19. [4] *Ibid.*, 28. [5] *Is.*, LXVI, 2. [6] *Is.*, LIX, 17 (cfr 1 *Thess.*, V, 8).

jusqu'à l'endroit où (le psalmiste) dit : *Je suis le plus petit de mes frères et jeune homme dans la maison de mon père*[1]. C'est ainsi qu'il continuait à psalmodier en faisant paître les moutons de son père dans les champs. Il devint diacre parfait selon l'Esprit-Saint, lorsqu'il fut ordonné par notre père Abba Salāmā, le Métropolite. Ensuite, il médita dans son cœur et dit : « Qu'y a-t-il d'utile, de stable, de désirable dans l'état de ce monde passager? Où sont ceux qui ont régné, ceux qui ont été consacrés évêques? Où sont ceux qui ont revêtu une parure royale, qui ont jeté un éclat arrogant? Où sont ceux qui sont montés sur des chevaux, ceux qui se sont pavanés dans la course des chevaux? Le monde et celui qui l'a aimé périra, il tue l'âme et le corps et il fait descendre dans la perdition pour l'éternité. Quant à moi, * je ne veux pas de ce * p. 10 monde passager. Même si je vivais sur la terre jusqu'à mille ans, je n'aurais pas de rapports fraternels avec la mort[2] et même, si j'avais épousé une femme, lorsque surviendrait pour moi le jour de ma mort, je serais *comme si je n'avais pas épousé*[3]. Et si j'avais multiplié des enfants (c'eût été) multiplier des tombeaux, comme dit l'écrivain Salomon : *Tout sort de la terre et retourne dans les entrailles de la terre*[4]. Comme dit David le prophète : *Quant à l'homme, il ressemble à la vanité et ses jours passent comme l'ombre*[5]*; mais celui qui veut la volonté du Seigneur demeurera à jamais*[6]. Quoi de plus beau que de garder les commandements du Seigneur et quoi de plus doux que d'écouter les paroles du Dieu d'Israël? »

Ayant dit ceci, il sortit de la maison de son père et il parvint chez des moines qui se trouvaient en face de leur pays. Et, lorsqu'il parvint auprès d'eux, ces moines vinrent à sa rencontre, car ils savaient qu'il était le fils d'un gouverneur et ils envoyèrent un message à son père et lui racontèrent que son fils se trouvait dans leur monastère. Lorsqu'il apprit (cette) nouvelle de son fils, il monta à cheval et alla avec une escorte et ses nombreux domestiques, en colère contre son fils, parce qu'il lui avait fait défaut. Il parvint au saint monastère. Les moines allèrent à sa rencontre et le saluèrent

1 *Jud.*, VI, 15. 2 [La mort me frapperait, même après une longue vie terrestre, parce qu'il n'y a pas de compromis avec elle.] 3 Cfr 1 *Cor.*, VII, 29. 4 *Eccl.*, III, 20. 5 *Ps.* CI, 12. 6 Cfr *Ps.* CXI, 6.

de salutations spirituelles. Ils firent ensuite venir son fils, ils le firent comparaître devant lui et ils firent la paix entre lui et son père. Il le prit contre son gré avec lui, s'en retourna et revint dans son pays et dans sa maison, se réjouissant de ce qu'il avait retrouvé son fils. Ensuite, il lui présenta un repas pour qu'il mange. Mais notre père (Filmonā), bien que petit, refusa de manger avec lui. Son père lui dit : « Pourquoi ne manges-tu pas avec moi ? » Son fils lui dit : « Je ne mangerai pas avec toi parce que j'ai dîné en m'appuyant au sein des saints [1], selon la parole de l'Écriture : *Soyez des saints, parce que, moi aussi, je suis saint* [2] *et c'est en mon propre* * p. 11 *nom* * *que sont sanctifiés tous ceux qui demeurent dans le monde.* Quant à moi, je ne veux pas de ce monde passager et si je consens à manger, donne-le moi, à moi tout seul ; car, pour moi, je veux devenir un moine et passer dans une autre terre pour rechercher le salut de mon âme, comme a dit le Seigneur dans le saint évangile : *Celui qui ne quitte pas son père et sa mère et sa femme et ses enfants et ses champs et son bien ne peut se joindre à moi et il ne peut devenir mon disciple* [3], et encore : *Entrez par la porte étroite qui mène à la vie éternelle* [4]. » Ayant entendu cela, son père entra dans une violente colère et il ordonna de ne pas lui donner de nourriture. Et lorsque (Filmonā) entendit les paroles de son père, il réfléchit dans son esprit qu'il est écrit à ce sujet dans le saint évangile : *Bienheureux ceux qui auront faim de la justice et qui auront soif, parce qu'ils seront rassasiés* et seront dans le bonheur auprès du Christ leur Dieu. *Bienheureux ceux qui seront persécutés pour la justice parce que le royaume des cieux leur appartient* [5]. Et, lorsque notre père Filmonā, l'ascète, eut dit ceci, il se ceignit les reins dans l'Esprit-Saint, étendit les mains, montra son visage vers l'Orient, leva en haut ses yeux, pria vers son Dieu et lui dit : « Je te demande, ô mon Seigneur qui *es assis sur le char des Chérubins* [6], là où il n'y a pas de ciel pour t'ombrager au dessus de toi, de me conduire dans le chemin de la vie qui mène au Paradis, là où se trouve le trésor de la lumière, la *ville qui appartient au grand Roi* [7], ville qui n'a pas besoin de la lumière du soleil, parce

[1] Cfr *Joh.*, XIII, 23. [2] [*Lev.*, XI, 44 (XIX, 2 ; XX, 7) ; 1 *Petr.*, I, 15.] [3] *Luc.*, XIV, 26. [4] *Matth.*, VII, 13. [5] *Matth.*, V, 6 et 10. [6] *Ps.* LXXIX, 2. [7] Cfr *Matth.*, V, 35.

que *la lumière de l'Époux l'éclaire*[1] *entièrement*. Et quant à ses arbres, particulier à chacun est son aspect, particulier à chacun son parfum, particulier à chacun son goût. Pour leurs branches, les unes sont rouges, les autres blanches, les autres vertes. Au milieu d'eux, est planté *l'arbre de vie* dont le sommet parvient jusqu'au ciel. Ses fruits sont abondants depuis sa base jusqu'à son sommet. Sous ses racines jaillissent quatre fleuves. Le nom de l'un * est le * p. 12
Geyon qui entoure la terre d'*Éthiopie*, là où se trouve le peuple des noirs, des tondus de visage. Le nom d'un autre est l'*Ēfēson* qui entoure le pays de l'*Inde*, où se trouve l'or rouge, là aussi se trouvent des gemmes de couleur verdoyante. Quant à son or, il est pur et, quant à ses pierres, ce sont des pierres de perle et de bel aspect. Un autre fleuve dont le nom est l'*Ēfrāṭos* qui est lait (est celui) qui entoure la contrée de *Romē*. Et l'autre, le *Ṭēgros* qui est miel, qui entoure tous les vastes espaces du soleil. Quant au *Geyon*, il est le vin, l'héritage des prophètes et, pour l'*Ēfēson*, c'est l'huile, l'héritage des psalmistes. Quant au *Ṭēgros*, il est les rayons de miel, l'héritage de tous les peuples chrétiens; et quant au fleuve de l'Euphrate qui est le lait de l'héritage des enfants et de tous, (il est) le tabernacle du Père et du Fils et de l'Esprit-Saint[2] et là on se réjouit, on se délecte, comme dit le Fils du tonnerre[3]. Et ensuite, *j'ai vu des hommes nombreux qu'on ne pouvait compter, de peuples et de tous les pays ... Ce sont ceux qui ont lavé leurs vêtements dans le sang de l'Agneau... Ils n'auront plus faim et ils n'auront plus soif et la chaleur ne les atteindra plus, parce que l'Agneau les fera paître et les conduira à la source d'eau de la Vie et il écartera les larmes de leurs yeux*[4]. »

Et lorsqu'il eut achevé cette prière et cet exposé selon la teneur des Écritures, notre père Filmonā, le bienheureux ascète, tomba à genoux, se prosterna, versa des pleurs amers et dit « Ô Seigneur, conduis-moi dans ta justice et, en ce qui concerne mes ennemis,

[1] Cfr *Apoc.*, XXI, 23. [2] [Ce passage est un résumé de l'histoire du troisième jour de la Création dans le *Livre des Mystères du Ciel et de la Terre* (*Patrologia Orientalis*, VI, p. 421-422). Toutefois, il y a quelques variantes remarquables entre notre texte et celui du *Livre des Mystères* (que nous n'avons plus que dans un ms. unique, Eth. 117 de la Bibliothèque Nationale de Paris). Cfr ci-dessus, *Introduction*, p. IV.] [3] S. Jean l'Évangéliste, « Fils du tonnerre » (cfr *Marc.*, III, 17). [4] *Apoc.*, VII, 9, 14, 16-17.

redresse mon chemin devant toi et joins-moi à tous les saints qui t'ont plu dans leur vie, pour les siècles des siècles. Amen.

Et, lorsqu'il eut dit : Amen, vint vers lui la femme de son père [1] et elle lui dit : « Pourquoi ne manges-tu pas de nourriture, ô mon fils, parce que c'est aujourd'hui le troisième jour depuis que tu as cessé l'alimentation et que tu n'as pas bu d'eau ? » Il répondit : « C'est * p. 13 parce que, * selon la parole de l'Écriture, dans la loi de Moïse, au Deutéronome : *Ce n'est pas de pain que l'homme vit, mais de toute parole qui sort de la bouche du Seigneur* » [2]. Lorsqu'elle eut entendu cette parole de la bouche de l'enfant, elle fut étonnée et attristée et elle lui dit : « Ô mon fils, vois ma tristesse, aie pitié de toi-même et mange de la nourriture. » Quand elle l'eut lassé par ses nombreuses exhortations, il mangea de la nourriture et but de l'eau.

Ensuite il habita 22 jours dans la maison de son père, puis il voulut s'éloigner, partir de là vers un autre pays : *Il ceignit ses reins* [3] et devint fort de la force de l'Esprit-Saint. Il partit aussitôt, en secret, pour ne pas être vu des hommes, ayant chaussé des chaussures d'or à ses pieds, c'est-à-dire les paroles du saint évangile; ayant jeté le *manteau de lumière* [4], sur son dos, c'est-à-dire l'amict de la foi; ayant mis le *casque du salut* [5] sur sa tête, c'est-à-dire le linge du baptême dont il se revêtit dans le Jourdain et dans lequel il naquit d'une seconde naissance [6]; il s'appuya avec ses mains sur un bâton de bois de noyer, c'est-à-dire le bois de la Croix du Christ; et, ayant mis le collyre de la Trinité sur ses yeux, c'est-à-dire l'onction du chrême dont il avait été oint par la main des prêtres, comme dit Jean, le voyant des secrets [7] : *Connais ton comportement, savoir que tu n'es pas froid et que tu n'es pas chaud* [8], *et maintenant je te dis : lève-toi, ô mon or qui a été purifié et rendu pur, afin que tu deviennes riche par moi et, mon propre vêtement, tu le revêtiras pour couvrir ta nudité; de mon propre remède, de collyre, tu enduiras tes yeux, afin que tu voies* [9]. *Ainsi a parlé celui qui se tient au milieu des sept flambeaux d'or, comme un fils d'homme* [10].

[1] La seconde femme du père de Filmonā. [2] *Deut.*, VIII, 3 (cfr *Matth.*, IV, 4; *Luc.*, IV, 4). [3] Cfr *Luc.*, XII, 35 (*Job.*, XL, 2). [4] *Ps.* CIII, 2. [5] *Eph.*, VI, 17; 1 *Thess.*, V, 8 [= *Is.*, LIX, 17]. [6] [Cfr *Joh.*, III, 3. L'eau des fonts baptismaux est appelée en éthiopien *māya Yordānos* « eau du Jourdain », en se référant au baptême de Jésus.] [7] [S. Jean l'Évangéliste, « voyant des secrets » de l'Apocalypse.] [8] *Apoc.*, III, 15. [9] *Ibid.*, 18. [10] [*Apoc.*, I, 13.]

Il est revêtu d'une tunique. Il s'était ceint les reins *d'une ceinture d'or*[1]. Ses vêtements étaient blancs, et sa chevelure, *comme de la laine* et comme du cristal, * *ses yeux comme des flammes de feu, ses pieds comme de l'airain du Liban que l'on éprouve au feu, ses* * p. 14 *paroles comme de grandes eaux, dans sa main droite, des étoiles; de sa bouche, sortait un glaive aigu à deux tranchants et son visage brillait plus que le soleil qui apparaît dans sa force*[2]. Ainsi a parlé celui qui tient ferme les *clés de la maison de David*[3]. Il a dit encore : *A celui qui vaincra, je donnerai à manger de l'arbre de vie*[4]. Je lui donnerai dans sa main le livre de la lumière dans lequel sera écrit *un nom nouveau* que *ne connaîtra* pas celui qui l'aura pris[5]. *Voici qu'a vaincu le lion de la tribu de Juda, rejeton de David*[6]. A lui gloire pour les siècles des siècles! Amen.

Vraiment donc, notre père Filmonā a vaincu tous ses ennemis, il les a vaincus par la force de la Croix de Jésus-Christ. Vraiment donc, notre père Filmonā, le bienheureux ascète, ayant mis du collyre, par le pouvoir du royaume du Fils, *a connu,* par les yeux de son intelligence tout ce qui pourrait être dans le ciel et sur la terre. Ayant pris son or propre plus pur, plus purifié que l'argent, c'est-à-dire la virginité que conserva le vaisseau de sa chair et de sa sainteté; ayant pris sa propre richesse (provenant) des trésors de lumières, c'est-à-dire de la foi sainte qu'il avait embrassée au nom de la Trinité, (celle) qui appartient à l'Époux orthodoxe, il garda ce qu'il avait dit et le baptême de justice et de pureté; et, ayant pris son vêtement pour couvrir sa nudité, savoir le vêtement monastique, il observa sa vie monastique étant devenu semblable aux anges purs. Ensuite, ayant mis le *casque du salut*[7] sur sa tête, il se comporta selon la droiture et marcha dans le chemin de la justice. Et de suite, de là, il se mit en marche dans le chemin du salut de son âme, puis, il pria et dit : « Envoie, ô Seigneur, ta lumière et ta justice, pour me conduire à la dignité de ton temple, à Jérusalem ta ville dont le toit est composé de filets d'eau et de lumière, les fenêtres d'émeraude et de topaze ... *les portes tissées de perles précieuses et de jacinthe*[8] et l'orbe * des nombreuses étoiles circule * p. 15

1 [« praecinctum ad mamillas zona aurea », *Apoc.*, I, 13.] 2 *Apoc.*, I, 14-16. 3 *Apoc.*, III, 7 (cfr *Is.*, XXII, 22). 4 *Apoc.*, II, 7. 5 *Ibid.*, II, 17. 6 *Apoc.*, V, 5. 7 *Eph.*, VI, 17, etc. Cfr *supra*, p. 12, n. 5. 8 Cfr *Apoc.*, XXI, 21.

tout autour. Quant à ses tentes de lumière qui tonnent et lancent des éclairs, elles sont bien plus lumineuses que la lumière du soleil. En elle (Jérusalem) se trouve l'autel, gemme qui a été faite par la main de l'Artisan [1], ointe par le chrême de Sa divinité, qui éclaire et scintille de la splendeur de la Trinité sainte : Père, Fils et Esprit-Saint. Telle est donc Jérusalem, la maison de l'Agneau. Sa splendeur et la beauté de sa lumière est mille fois la lumière du soleil, *elle est ornée toute entière de pierres précieuses variées* [2], *parée comme l'épouse pour son mari* [3] et *il n'y a pas en elle de lumière du soleil et de la lune, parce que la lumière de son Époux brille sur elle* [4]. En elle, le chœur des enfants et le chœur des justes et des martyrs glorifie ton grand nom. Quant à moi, ô Seigneur, fais-moi partager leur sort pour que j'habite dans leur séjour parce que j'ai quitté la maison de mon père et de ma mère, afin que tu sois pour moi à la place de mon père et que tu me gratifies d'une belle récompense dans Jérusalem ta ville à la place de ma mère, et rends droit mon chemin et mon voyage. Envoie devant moi *ton ange lumineux* [5] qui me conduira et me fera parvenir au port du salut afin que je glorifie ton nom saint glorifié et loué pour les siècles des siècles ! Amen.

Et, lorsqu'il eut achevé cette prière au Seigneur son Dieu, il partit, se réjouissant et exultant en son chemin et en glorifiant le Seigneur son Dieu, comme le bruit d'un char à roues qui fait le tour de la ville et fait du bruit dans le chemin et comme le pincement de la cithare, agréable à entendre, et comme la lyre qui délecte le cœur, lorsqu'on l'accompagne avec le chant et le tambour, comme le son de la harpe qui résonne, dont le mystère est merveilleux; lorsque chaque (instrument) retentit à son tour dans la tente des rois et des grands, de même la louange de sa bouche suave réjouissait les cœurs, lorsqu'il glorifiait le *Roi de gloire* [6]. Vraiment donc la voix de sa glorification (est meilleure) que le miel et le sucre, elle vaut mieux que l'or et l'argent; et ses lèvres sont
* p. 16 comme des cataractes d'or * pur qui abreuvent le troupeau en puisant d'un fleuve de lait qui réjouit. Quant au chemin, il est

[1] [Il s'agit de l'« altare aureum quod est ante thronum Dei ». Cfr *Apoc.*, VIII, 3.] [2] *Apoc.*, XXI, 19. [3] *Ibid.*, 2. [4] *Ibid.*, 23. [5] Cfr *Ex.*, XXIII, 20. [6] *Ps.* XXIII, 7-10.

agréable; (pour) celui qui va dans le portique de Salomon [1] auprès du rassemblement des eaux. De nombreuses colonnes de marbre (sont) dressées sur un socle d'or. Ses yeux (étaient) de colombe qui regardaient vers la couronne de la royauté du Salomon nouveau, qui est Jésus-Christ, parce que Salomon se dit ainsi selon la langue des Hébreux [2].

Revenons donc à ce qui précède exactement : comment il est parti de la maison de son père vers la terre étrangère. Il s'en est donc allé, tandis que le conduisait l'Esprit-Saint qui se tenait debout devant sa face comme une *colonne de lumière* [3], illuminant ses yeux par la sagesse, par l'intelligence et par la science, comme le soleil lumineux; et tandis qu'il courait sur le char de l'Esprit-Saint, comme le cavalier guerrier qui est prêt à la guerre. Il s'en est donc allé, notre père Filmonā, en suppliant son Dieu et en allant sur son chemin. Il pria ainsi : « Conduis-moi, ô Seigneur, (dans) ton chemin et j'irai dans ta justice, parce que je suis *ton serviteur, fils de ta servante* » [4]. Il psalmodia et il dit : *Ne retire pas de moi ton Esprit-Saint. Accorde-moi la joie par ton salut et, par (ton) Esprit puissant, fortifie-moi* [5] et ton Esprit-Saint me conduira dans la terre de sainteté. Et tandis qu'il parlait ainsi, il parvint dans le cercle des places de Sion qui est le champ des grenades [6]. Quant au champs des grenades, cela veut dire l'emplacement des églises chrétiennes, c'est le sens. Là, il changea de chemin, il vit, il aperçut un couvent élevé qui était situé en face du Nord du pays du Sud, et il dit à ceux qui étaient avec lui : Quel est le nom de ce monastère? Les moines lui dirent : « C'est ce (monastère) qui est appelé Dabra Māryām. » Et notre père Filmonā dit à ces gens : « Est-ce

1 *Joh.*, X, 23. 2 [L'équivalence symbolique entre Salomon et le Christ est l'objet d'un des chapitres du *Kebra Nagast*, livre bien connu qui célèbre les origines salomonides de la dynastie éthiopienne. Du 66e chapitre est transcrite littéralement la phrase de notre texte sur la valeur du nom de Salomon « dans la langue des Hébreux. » Ce passage figure dans l'édition Bezold, p. 78 du texte = p. 63 de la trad. (*Abhandlungen der K. Bayer. Akademie der Wissenschaften*, I Kl., XXIII Bd, 1 Abt.).] 3 Cfr *Ex.*, XIII, 21. 4 *Ps.* CXV, 16 (= *Sap.*, IX, 5). 5 *Ps.* L, 13-14. 6 [Les grenades symbolisent les lieux sacrés de Sion (c'est-à-dire, d'Aksum, à cause de l'équivalence Sion = Aksum. Cfr *supra*, p. 5, n. 5); et ces lieux sacrés sont nombreux comme les grenades, dont parle Jérémie (LII, 23). Cfr aussi *Ex.*, XXVIII, 33-34.]

un couvent de moines, ou bien est-il un domaine séculier? » Ces * p. 17 hommes lui dirent : * « Ce n'est pas un domaine séculier, mais un monastère de religieux, sur lequel précisément (se trouve) une église sainte qui a été construite au sommet du roc, par la foi en Jésus-Christ, et ces moines qui l'habitent sont joyeux comme des étoiles lumineuses qui veillent sur elle, jour et nuit, sans cesse. Ils sont assidus au jeûne et à la prière. Abondante (est leur) doctrine concernant le Seigneur leur Dieu et ils ne cessent pas en elle de recevoir le corps et le sang de Jésus-Christ. » Et quand notre père Filmonā eut entendu cela, il se réjouit extrêmement dans son cœur, il *exulta dans son esprit,* ce fut comme s'il entrait tout de suite dans le paradis du Seigneur et il rendit grâces au Dieu d'Israël en disant : « Je te rends grâce, ô Seigneur parce que *tu m'as reçu, et les railleries de mes ennemis, tu ne me les as pas infligées* » [1]; et, lorsqu'il eut dit ce psaume jusqu'à la fin, de nouveau, notre père Filmonā leur dit, à ces hommes qui étaient avec lui : « Est-ce que, si j'y vais, je trouverai chez eux (quelqu'un) qui me recevra auprès de lui, pour me faire moine? » Et ces hommes lui dirent : « Peux-tu, jeune que tu es, devenir moine? » Et il leur dit : « Oui, je veux, quant à moi, devenir moine et je pleurerai sur mes péchés et sur mes fautes et sur mes égarements nombreux. » Et ils lui dirent, eux : « Si tu persévères dans ta décision et si tu te confies dans le Seigneur ton Dieu, il t'accordera la prière de ton cœur, il accomplira pour toi ta volonté [2] et il te fera parvenir vers (celui) qui te conduira dans le chemin du salut, afin que tu revêtes l'habit monastique qui rend les hommes semblables aux anges. » Ayant dit cela, ces hommes s'éloignèrent de lui (pour aller) dans leur chemin. Quant ceux qui lui parlèrent ainsi, c'est qu'ils étaient, non des hommes, mais des anges que le Seigneur lui avait envoyés sous la forme de voyageurs pour le conduire sur son chemin. Et, dès qu'il fut sorti de la maison de son père, ils ne se séparèrent pas de lui jusqu'à ce qu'ils l'eussent fait parvenir à ce monastère. Et, * p. 18 après * que ces hommes se furent éloignés, notre père Filmonā, ascète, dit : « *Qui me donnera des ailes comme la colombe* [3] afin que je vole sur les ailes de l'Esprit et que je parvienne à ce saint monastère, pour y adorer sur la montagne du temple de mon Dieu »,

1 *Ps.* XXIV, 2. 2 [Cfr *Ps.* CXLIV, 19.] 3 *Ps.* LIV, 7.

comme dit Isaïe le prophète : *Venez, montons à la montagne du Seigneur pour qu'on nous enseigne sa voie et que nous allions à la maison du Dieu de Jacob* [1]. Et, ayant dit cela, notre père Filmonā se prosterna trois fois et il étendit les mains vers le Seigneur son Dieu et il dit : *j'ai élevé mes yeux vers les montagnes, (me demandant) d'où viendra mon aide? — Quant à mon secours, il viendra du Seigneur qui a fait le ciel et la terre* [2].

Et, tandis qu'il priait ainsi, un moine parvint à lui et lui dit : « Salut à toi ! » Et notre père Filmonā, le bienheureux, lui dit : « Que la paix du Seigneur soit avec toi, ô mon père moine, mais seulement, que ta prière vienne sur moi et me bénisse ! » Ce moine lui dit : « Où veux-tu aller, mon fils? » Notre père Filmonā lui dit : « Je veux aller dans le monastère dont le nom est Dabra Māryām. » Ce moine lui dit : « As-tu là quelqu'un que tu connais? » Et notre père bienheureux lui dit : « Je n'ai là personne que je connaisse, sinon l'Unique, le Seigneur seulement et, quant à ma confiance, elle est en lui, comme dit le prophète : *Confie-toi en lui, lui-même travaillera pour toi* [3] *et il fera que ta justice soit comme la lumière* [4] *et que le jugement sur toi soit (lumineux) comme le jour;* mais seulement si tu veux coopérer avec moi, ô saint abbé, prends-moi avec toi et fais-moi monter à ce couvent pour y trouver (quelqu'un) pour me recevoir auprès de lui, afin qu'il me revête de l'habit monastique, pour que je sois lié au Seigneur tous les jours de ma vie. » Ce moine le prit avec lui et le fit parvenir aux marges de la montagne [5] et le mit à l'ombre avec lui à la racine de cette montagne [6], parce que la fatigue de la route les avait atteints.

Ce moine le prit * de nouveau, fit monter avec lui au-dessus de * p. 19
la montagne notre père Filmonā et le fit parvenir dans l'église. Et quand y parvint notre père Filmonā, il se prosterna, tomba à genoux, étendit les mains et dit : *Très aimables sont tes tabernacles, Seigneur des puissants! Mon âme se réjouit dans l'amour de tes parvis. Ô mon Seigneur, mon cœur et ma chair se réjouissent dans le Seigneur vivant* [7]. Et, quand il eut fait cette prière jusqu'à ce

1 *Is.*, II, 3. 2 *Ps.* CXX, 1-2. 3 *Ps.* LIV, 23. 4 Cfr *Sap.*, III, 7. 5 [Cfr *Luc.*, IV, 29.] 6 [Le monastère Dabra Māryām (« Mont de Marie ») était situé, comme plusieurs couvents éthiopiens, au sommet d'une montagne. Le bon moine fait reposer Filmonā « à la racine de la montagne » avant de commencer avec lui la montée jusqu'au monastère.] 7 *Ps.* LXXXIII, 2-3. [Lire dans le texte (p. 19, *4*) እግዚእ et non pas እግዚኦ.]

qu'il l'eût achevée, de nouveau notre père dit : *Je m'enfuis dans les montagnes comme un oiseau*[1]. Tandis qu'il priait ainsi, un moine, dont le nom était Zakāryās, le rencontra à la porte de l'église. Lui-même (était) dévot au Seigneur depuis sa jeunesse, ascète et très abstinent. Lorsqu'il regarda notre père Filmonā se prosternant sur ses genoux, et debout faisant couler des larmes comme une source d'eau abondante qui tombait goutte à goutte sur la terre, se frappant lui-même et se donnant de sa main des coups sur la poitrine et demandant d'un cœur suppliant au Seigneur son Dieu de devenir son aide et de trouver son espoir parfait; quand le vit ce moine nommé Zakāryās, prêtre fidèle et intelligent, il fut troublé et dans une grande crainte, en le voyant pleurer des larmes amères, debout, à la porte de l'église sainte. Ce prêtre lui dit : « Salut à toi, o mon fils! » Et notre bienheureux père lui dit : « Que la paix du Seigneur soit avec toi, ô mon père! » Et aussitôt, il se prosterna et se jeta à genoux à ses pieds et baisa les genoux de ce prêtre; et ce prêtre baisa son visage et sa tête et, en outre, signa du signe (de la Croix) sa face. Il lui donna l'accolade à droite et à gauche, de la salutation de l'Esprit-Saint, et lui dit : « D'où viens-tu et où (est) ton pays et pour quel motif es-tu venu jusqu'à ce pays? » Et il lui dit: « Ô père honoré: quant à mon pays, il est très éloigné par le chemin (à parcourir) et, malgré cela, je
* p. 20 suis venu, ô père illustre, * ayant appris ta renommée au cours du chemin, afin que tu me reçoives dans ton sein et que je demeure sous ton ombre et afin que tu me donnes l'habit monastique, pour que le Seigneur te donne l'habit de la vie dans les cieux. » Et cet ecclésiastique illustre lui dit : « Peux-tu assumer la charge monastique, jeune que tu es, étant donné que ce couvent est austère de tout point? » Et notre père Filmonā lui dit : « Est-ce que le Seigneur n'a pas dit dans le saint évangile : *Entrez par la porte étroite, parce qu'étroite (est) la voie qui conduit à la vie éternelle*[2], et il dit encore : *Celui qui veut me suivre, qu'il se rejette soi-même et qu'il se haïsse et qu'il prenne avec joie la Croix de ma mort; qu'il (la) prenne et qu'il me suive*, et : *Celui qui veut le salut de son âme, qu'il la rejette. Quant à celui qui aura rejeté son âme, à cause de moi, il la retrouvera et il la sauvera. Que servira à l'homme,*

[1] *Ps.* x, 2. [2] *Matth.*, vii, 13-14.

s'il a gagné le monde entier, s'il a perdu son âme, s'il n'a pas donné le rachat de son âme[1]? » Et lorsque ce docteur illustre entendit cela de la part de notre père Filmonā, il admira la douceur de sa parole et l'élocution de sa bouche suave, fut en extrême admiration de son humilité, de sa douceur et de son bon comportement. Et ce maître lui dit : « Est-ce que tu as un père et une mère, et une famille, ô mon fils? » Et (Filmonā) lui dit : « Mon père, pourquoi m'interroges-tu au sujet de mon père et de ma mère? Pour eux, que le Seigneur les garde, là où ils se trouvent, mais reçois-moi, moi-même, dans ton sein, afin que le Seigneur te reçoive dans le royaume des cieux, parce que je n'ai personne en cette contrée qui me connaisse. (Ici) je n'ai pas de père ni de mère, sinon uniquement le Seigneur. En effet, je suis étranger et pèlerin dans ce pays; et quant à ma confiance, elle repose sur le Seigneur, comme dit le prophète : *Bienheureux l'homme dont le Dieu de Jacob est l'auxiliaire, sa confiance repose sur le Seigneur son Dieu qui a fait les cieux et la terre.* »[2] En effet, Dieu a dit lui-même : *Ma main a fondé la terre et ma droite a consolidé les cieux*[3]. Convertissez-vous à moi *par le jeûne*, par la prière et par la foi droite, *et moi, de mon côté, je me retournerai vers vous * dans la plénitude de ma miséricorde*[4], a dit le Seigneur qui domine tout. Et, lorsqu'il eut dit cela, ce docteur illustre dont le nom était Zakāryās le reçut auprès de lui et il vit la grâce du Seigneur qui était sur lui et ce moine connut en son esprit que le Seigneur (était) avec lui. * p. 21

Et, de nouveau, ce docteur le vit, notre père Filmonā, encadré d'anges lumineux à sa droite et à sa gauche, entouré de la richesse de la grâce du Christ, comme une tente de lumière au-dessus de sa tête; parce que ce docteur (était un) qui voyait tout dans le miroir de l'Esprit-Saint. C'est pourquoi il prit avec lui notre père Filmonā sous son ombre et il l'institua moine et lui dit : « Ô mon fils, *aime le Seigneur ton Dieu de tout ton cœur et de toute ta force et de toute ton âme*[5]. Si tu aimes le Seigneur ton Dieu et si tu accomplis tous ses commandements, *tu fouleras sous tes pieds le dragon et les scorpions et les vipères*[6] et si tu observes les commandements du Seigneur, en même

[1] *Marc.*, VIII, 34-37. [2] *Ps.* CXLV, 5-6. [3] Cfr *Ps.* CI, 26. [4] *Joel*, II, 12-13. [5] *Deut.*, VI, 5 etc. [6] Cfr *Luc.*, X, 19 (*Marc.*, XVI, 18).

temps que ses saints anges, les démons trembleront, seront dans la crainte et ils *seront chassés de devant ta face, aussitôt que tu invoqueras le nom du Seigneur ton Dieu* [1], selon la parole de l'Évangile : *Et ces disciples revinrent et ils dirent au Seigneur Jésus : les démons, à ton nom, s'inclinent devant nous* [2]. Et le Seigneur leur dit : *Ne vous réjouissez donc pas de ce que les démons s'inclinent devant vous, mais réjouissez-vous de ce que vos noms seront écrits* sur une colonne d'or, *dans les cieux* [3]. » Et, de nouveau, il l'exhorta et lui dit : « Ô mon fils, acquiers l'humilité et la douceur dans la pureté de la chair. Si tu observes ces trois qualités, tu seras comme le Christ ton Dieu et tu hériteras la vie éternelle. » Et aussitôt qu'il eut entendu cela, notre père Filmonā, de la part de son maître, il se réjouit extrêmement et il fit un vœu dans son cœur et il dit : « *Que rendrai-je au Seigneur pour tout ce qu'il a fait pour moi?* [4] et de ce qu'il m'a gratifié d'un docteur de la Loi
* p. 22 véritable * qui me conduira vers la source de la vie éternelle, qui m'abreuvera de l'Évangile spirituel, plus doux que les rayons de miel et que le miel liquide, qui me délecte comme le vin de Sorec, *talfeyos* [5]; (un maître) qui me distille comme une rosée ses paroles vivificatrices, comme l'onguent humide et *comme la rosée de l'Hermon qui descend sur les montagnes de Sion* [6]. Voici donc que, dès maintenant, *sous son ombre, j'ai désiré et je me suis assis et son fruit est doux à ma gorge* [7] et l'on m'a introduit *dans la maison du vin.* On a préparé sur moi l'amour [8]. Voici que se trouve *ici le lit royal de Salomon* [9]. *Mille armes de combat y sont suspendues* [10], *et toutes les frondes des vaillants* qui lancent *des pierres de tonnerre.* Elles écrasent les montagnes et elles (les) broient complètement jusqu'à ce qu'elles [11] deviennent poussière de cendre. *Ce sont les montagnes des rois puissants qui adorent les idoles* [12] qu'a désignés (Jean) de l'Apocalypse, lorsqu'il vit *la Bête aux sept têtes* et *aux dix cornes* et dans *la huitième Bête, elle est et elle n'est pas avec eux* (avec les autres rois?) [13] Ceux qui les broient, c'est le peuple des ascè-

[1] Cfr *Marc.*, XVI, 17. [2] *Luc.*, X, 17. [3] *Ibid.*, 20. [4] *Ps.* CXV, 12. [5] Cfr *Cant.*, IV, 14. [6] *Ps.* CXXXII, 3. [7] *Cant.*, II, 3. [8] *Cant.*, I, 3. [9] *Cant.*, III, 7. [10] *Cant.*, IV, 4. [11] [Ce symbolisme inspiré par le passage du Cantique sur le lit de Salomon se trouve encore dans le *Kebra Nagast* pour expliquer l'équivalence entre le Christ et Salomon, dont notre texte aussi a parlé ci-dessus. Cfr p. 15, note 2.] [12] [*Apoc.*, XVII, 9.] [13] *Apoc.*, XVII, 11.

tes chrétiens qui sont devenus martyrs dans les jours de leur royauté. Quant à la pierre de tonnerre, c'est un nom du Christ[1]. Gloire à (lui) qui a donné la victoire à ses martyrs victorieux et à ses saints ascètes dans les siècles des siècles! »

Et quand il eut achevé cette prière au Seigneur son Dieu, il partit aussitôt et s'en alla joyeux vers son maître et il lui dit : « Achève dès maintenant, ô père illustre, selon ce que tu as dit avec les paroles vivificatrices de ta bouche. » Et il (Zakāryās) lui donna aussitôt l'habit monastique, il le bénit de la bénédiction du ciel et de la terre et il lui dit : « Que le Seigneur te bénisse et *qu'il te montre son visage, qu'il plante sa tente dans ta cour et qu'il te couvre de l'ombre de ses ailes*[2], qu'il te rende père *de nombreuses brebis* et qu'il rende ton monachisme parfait, afin que tu reposes dans le giron des saints * Antoine et Macaire et qu'il te donne la * p. 23 puissance, la force et la victoire sur tous tes ennemis dans les siècles des siècles Amen. »

Après qu'il eut reçu cette bénédiction de la part de son maître, il entreprit donc d'étudier toutes les disciplines et il se mit à faire des prières sans interruption, comme les Anges Vigilants, tous les jours de sa vie et il n'interrompait pas les heures canoniales ni le jour ni la nuit. La renommée de sa bonté était répandue dans toutes les provinces et tous les hommes de l'endroit le louaient pour son bon comportement, pour sa patience, pour son humilité, pour sa douceur et pour son activité dans l'Église. Tous les moines le louaient et l'aimaient extrêmement. Ils disaient de lui : « Personne n'est semblable à ce moine et il ne se trouve pas un seul dans ce monastère parmi tous les moines comme cet homme dont la vie monastique soit (aussi) parfaite. » Lorsqu'il priait, il faisait des prostrations en forme de roue devant la Table de la Loi du Seigneur et il se tenait debout sans vaciller, comme le cavalier équipé qui est prêt au combat dans le temple du Dieu de Jacob; et il se prosternait devant le Dieu de justice; et comme le musicien qui joue en frappant sur un instrument, il charmait le cœur du Roi par la suavité de ses chants[3]; et il invoquait le nom de Jésus-Christ sans arrêt le jour et la nuit et il commentait les Écritures, il (les) récitait, il les

1 [Je n'ai pas pu identifier ce symbole de la « pierre du tonnerre ».]

2 *Ps.* LXXIX, 4, 20; *Ps.* XVI, 8. Cfr *Ps.* LX, 5.

3 [Cfr 1 *Reg.*, XVI, 23.]

écoutait et se réjouissait à cette audition, de même que réjouissait l'Époux le bruit de la lyre et du chant. C'est ainsi qu'il recevait les paroles divines; et comme un roi qui, assis sur un trône d'or, écoute le son expressif de la harpe, c'est ainsi qu'il se réjouissait et exultait en entendant les paroles de l'Évangile saint. Il ne donnait pas de sommeil à ses yeux et, lorsqu'il priait, il parlait ainsi : « J'ai juré et j'ai affirmé au Dieu de Jacob que *je n'entrerai pas* * p. 24 *sous l'ombre de ma maison, et que je ne monterai pas* * *dans le lit de ma chambre et que je ne donnerai pas de sommeil à mes yeux et pas de sommeil à mes paupières et pas de repos à mes joues, jusqu'à ce que je trouve le lieu du Seigneur et la demeure du Dieu de Jacob* » [1]. Vraiment donc, il a recherché la demeure du Dieu de Jacob qui est la Jérusalem céleste [2], la maison de l'Agneau [3], dans laquelle coule un fleuve de splendeur, la lumière auguste. C'est donc le fleuve de la lumière dont la suavité et le parfum séparent l'âme du corps. C'est certes l'héritage des prophètes et des apôtres et la demeure de la joie des justes et des martyrs. Là se trouve le chœur des enfants qui, au nombre de cent quarante-quatre mille [4], *ont lavé leur vêtement dans le sang de l'Agneau* [5] et le mystère du bruit de leurs chants ravit les cœurs et rafraîchit les os. C'est l'héritage des prêtres et des moines qui ont méprisé ce monde passager.

Vraiment donc notre père Filmonā, ayant répudié la gloire terrestre et les richesses, a recherché la demeure du Dieu de Jacob avec vigilance et avec peine. Ayant porté avec une grande science le joug de la Croix de l'Unique, il ne fit pas dévier son sillon et *il ne revint pas en arrière* [6] et il méprisa le comportement de ce monde passager, et il le traita comme le linge de menstrue [7] qu'on rejette au dehors; car (ce monde) il est comme des excréments immondes, fétides et empestés, qui passe en vain et, c'est ainsi que notre père Filmonā traita le désir de ce monde qui périt dans sa vanité. Quant à son désir, (c'est) comme une ombre. Ayant considéré ceci, il a suivi le Christ son Dieu, il s'est appuyé sur le bois de la vie et il a *redressé son chemin* [8] (mené) dans la justice. L'Arbre de la Vie donc, en vérité, c'est le Christ [9].

1 [*Ps.* CXXXI, 3-5.] 2 *Hebr.*, XII, 22. 3 [Cfr *Apoc.*, V.] 4 *Apoc.*, XIV, 1. 5 *Apoc.*, VII, 14. 6 *Luc.*, IX, 62. 7 [Cfr *Esther*, XIV, 16; *Is.*, LXIV 6.] 8 *Is.*, XL, 3. 9 [*Apoc.*, XXII, 2.]

Pour ceux qui s'appuient sur lui, c'est l'Arbre du salut, comme dit l'écrivain du Paradis : *Avant le temps et les temps, avant les jours et les années, avant le soleil et la lune existait le Fils avec son Père; il est la lumière des justes et ceux qui s'appuient sur lui ne tomberont pas et ne vacilleront pas; ils n'auront plus faim et ils n'auront plus soif et l'ardeur du soleil ne les atteindra pas*[1], *parce que l'Agneau sera leur pasteur et recueillera les larmes de leur yeux*[2]. * *Avec l'antimoine de son royaume, il les oindra*[3], *il se ceindra* * p 25 *et il marchera avec eux et il les fera s'asseoir à sa table*[4]; *et eux, de leur côté, deviendront son peuple et lui, de son côté, deviendra pour eux leur Dieu*[5]; *eux, de leur côté, deviendront ses enfants et, quant à lui, il sera pour eux leur Père*[6], et le Fils leur dira lui-même : *Venez vers moi, les bénis de mon Père, afin que vous héritiez du royaume qui a été préparé pour vous, dès avant que fût créé le monde*[7]. Alors donc, *brillera le visage des justes et des martyrs*[8] sept fois plus que *le soleil* et il plantera devant eux sept rideaux de flammes de feu et ils entreront là avec leur Seigneur dans la joie et dans l'allégresse; et il placera les prêtres à sa droite et les diacres à sa gauche et il leur fera voir là l'économie du mystère de la sainteté, *ce que l'œil n'a pas vu et que l'oreille n'a pas entendu, ce que l'intelligence de l'homme n'a pas conçu*[9]. Il le récompensera d'une récompense qui vient de toi, joie et délices. Qu'y a-t-il de semblable? Il est impossible, en ce temps, de dire comme elle est, une telle vision et, comme il est, un tel spectacle, conformément à la loi et à la règle qui sont dans l'intelligence des fils d'Ève. Mais tout cela est établi comme l'anneau d'or qui retourne au Seigneur Dieu et comme une parure d'or précieuse qui est tressée en or, qui demeure dans le cœur de l'homme. Le royaume du régnant ainsi, lui, demeure dans l'enclos de la lumière[10] du Fils de Dieu, jusqu'au moment où il ouvrira et déploiera (sa grandeur) devant les justes, les martyrs vainqueurs et les moines ascètes. Gloire à lui qui a gratifié d'une telle récompense les enfants d'Adam, pour les siècles des siècles! Amen.

Revenons donc à ce qui précède et exposons avec soin le combat

[1] *Apoc.*, VII, 16. [2] *Ibid.*, 17 (cfr *Apoc.*, XXI, 4). [3] *Apoc.*, III, 18. [4] *Ibid.*, 20-21. [5] *Apoc.*, XXI, 7. [6] *Ibid.*, 3. [7] *Matth.*, XXV, 34. [8] Cfr *Matth.*, XIII, 43. [9] 1 *Cor.*, II, 9. [10] [Cfr 1 *Tim.*, VI, 16.]

de notre bienheureux père Filmonā l'ascète qui a espéré en la cité *que l'œil n'a pas vue et l'oreille n'a pas entendue, qui n'a pas été conçue dans l'intelligence de l'homme*[1], le pays même de la lumière, pour obtenir la part des saints et leur héritage. Vraiment donc, * p. 26 notre père Filmonā a été un combattant * et il devint parfaitement comme s'il n'était pas revêtu de la chair. Il ressembla aux anges dans sa vie et il tint soi-même comme mort, ainsi qu'il a été dit : « Moine, cela veut dire mort : un mort, un enseveli, un inhumé dans le tombeau peut-il parler ? » Ainsi donc, il a remis son âme au Seigneur son Dieu, mort dans sa chair et vivant dans son esprit, volant sur des ailes spirituelles comme les aigles de lumière, là où se trouvent les délices des saints et il devint celui qui voit et qui regarde avec les yeux de l'intelligence, du cœur, en haut, vers les cieux les plus élevés, là où se trouve l'Époux céleste. Ayant rejeté les besoins de sa chair terrestre, ayant vu que rapidement passe la condition de ce monde[2], comme l'ombre[3] et comme un songe[4], il fit de sa conscience un char de prières et il ne fit pas tomber sa pensée en bas sur la terre ; mais, comme l'aigle qui vole entre ciel et terre, de même, il devint (l'homme) qui s'envole et qui court pour la glorification de son Dieu et glorifie Jésus-Christ des yeux de son cœur illuminé. Il adore et il supplie son Dieu dans le cénacle du sanctuaire du Seigneur Très-Haut et il prie et il jeûne jusqu'à ce que sa chair se soit réduite et se soit corrompue, et il verse des larmes comme l'eau, au point de rendre humide la terre où il se tient. Et il demeura ainsi à ce monastère, en menant un combat parfaitement grand, par le froid et par la nudité, par la fatigue, par la chaleur, par le jeûne et par la prière et par de nombreuses veilles, au point que s'étonnèrent tous les moines qui demeuraient dans ce couvent, au sujet de sa grande endurance. Ainsi donc, il demeura dans ce couvent, servant son maître de nombreux jours, en faisant sa volonté, en lui faisant plaisir. Quant à son maître, (c'était) un saint du Seigneur, c'était celui qui voyait par les yeux de l'esprit toutes les choses cachées[5]. Quant à notre père Filmonā, (Zakāryās) le déclara bienheureux dans son cœur pour * p. 27 son bon comportement, pour son mystère et pour son silence * et il le bénissait au nom du Seigneur son Dieu et il lui dit : « Ô mon

[1] 1 *Cor.*, II, 9. [2] 1 *Cor.*, VII, 31. [3] *Job.*, VIII, 9 etc. [4] *Job.*, XX, 8.
[5] Cfr *Eccli.*, XIV, 23 ; *ra'āyē ḫebu'āt* « celui qui voit les choses cachées » est un des appellatifs de S. Jean l'Évangéliste chez les Éthiopiens.

fils, que le Christ te rende parfait et bien préparé à son royaume et qu'il te donne un sacerdoce parfait, afin que tu deviennes père de nombreux (fils) ! » Il demeura ainsi, en le bénissant *de la bénédiction du ciel et de la terre,* à cause de la bonté de son comportement. Quant au nom de son maître, (c'était) Zakāryās.

Et tandis qu'ainsi demeurait notre père Filmonā dans ce lieu dont le nom était « Couvent de Marie », il apprit l'histoire de notre père Tāddēwos et il fut informé de la part des moines qui habitaient dans le couvent qu'il se trouvait dans le couvent de Ta'aminā, dans la direction du Sud du Couvent de Marie; et ce pays s'appelait autrefois : Ville de la dispersion, et maintenant, elle est devenue terre des étoiles lumineuses. Elle était entièremnt brillante comme le soleil, brillante par la foi en Jésus-Christ. En ce qui concerne ceux qui y demeuraient, c'étaient des saints ascètes, ils étaient des colonnes d'or précieuses et l'un d'entre eux (était) notre père Tāddēwos, fils d'Ēlsā', bienheureux, qui fut engendré avec le père de notre père Filmonā, qui fut l'aîné et le premier-né d'Ēlsā'. Quant à notre père Tāddēwos, il était plus jeune que le père de notre père Filmonā.

A ce sujet, (Filmonā) se réjouit extrêmement, lorsqu'il apprit la nouvelle de notre père Tāddēwos, comme quoi il était au couvent de Ta'aminā. Et ensuite, lorsqu'il eut connu cette nouvelle, notre père Filmonā alla vers son maître, l'homme du Seigneur, et il lui dit : « Ô père, je veux m'en aller là où se trouve notre père Tāddēwos et le voir en personne. » Et (son maître) lui dit : « Où est son pays, ô mon fils? » Et (Filmonā) lui dit : « Il est au Nord, au couvent, qui s'appelle monastère de Ta'aminā. » Son maître lui dit : « Connais-tu, mon fils, le chemin? » Et Filmonā lui dit : « Je ne connais pas le chemin, mais le Seigneur me conduira et m'enverra son Ange, tandis que m'aidera ta prière, ô père saint. » Alors, son maître lui dit : « Va donc, ô mon fils, * et informe-toi s'il * p. 28
est là et, s'il n'est pas là, reviens vers moi rapidement pour me tenir au courant à ce sujet; mais surtout, que le Seigneur soit avec toi, qu'il envoie *devant ta face son Ange de lumière* [1] qui te fera parvenir là et que le Seigneur te bénisse *du haut de Sion* [2] et tu verras la beauté de Jérusalem et tu verras les fils de tes fils tous les

[1] *Ex.*, XXIII, 23. [2] *Ps.* CIX, 2.

jours de ta vie et qu'il te garde dans la justice et dans la paix pour les siècles des siècles! Amen. »

Ayant reçu la bénédiction, il partit d'auprès de son maître; il entra et tomba à genoux dans l'église sainte, se prosterna et se tint debout devant la Table de la Loi du Seigneur, pria et dit : *Le Seigneur m'éclairera, qu'est-ce qui me ferait peur? Le Seigneur est le confident de ma vie. Quelle chose pourrait m'effrayer?* [1] Et, lorsqu'il eût ainsi psalmodié ce psaume jusqu'à la fin, il psalmodia de nouveau et dit : *Dans un pays herbeux, c'est là qu'il me fera habiter. Auprès de l'eau du repos, il m'a élevé, il a dirigé mon âme et il m'a conduit dans le chemin de la justice à cause de son nom; même si je vais au milieu de l'ombre de la mort, je ne craindrai pas le méchant, parce que tu es avec moi* [2]. A toi gloire pour les siècles des siècles! Amen.

Et, après qu'il eût dit : Amen, il adora et se prosterna trois fois et il salua l'Arche du Dieu d'Israël qui est Marie [3], Sion la sainte; ensuite il salua tous les moines qui habitaient là et tous le bénirent, chacun avec ses propres paroles et il s'en alla en paix dans son chemin, s'appuya sur le bois de la Croix du Christ, en portant des raisins aux fruits nombreux. (Il est) comme un rameau de vigne fertile qui porte des baies, chaque rameau rapportant l'un soixante, l'autre cent, ou encore comme un bois de saule verdoyant qui fleurit au milieu du jardin, en s'abreuvant aux quatre fleuves des eaux, comme dit Hermas [4] : « Il m'a montré l'arbre de saule qui parvient jusqu'au ciel et couvre l'étendue du monde; et, sous les
* p. 29 rameaux de cet arbre, * se tenaient les peuples et la population. Il y a là un ange qui tient dans sa main une faucille. Il coupa avec cette faucille de ce bois de saule. Il en donna à chacun une coudée et ses rameaux ainsi coupés ne diminuent pas, toutes les populations se les partagent entre elles et, après les avoir reçus, les gens et les

1 *Ps.* XXVI, 1. 2 *Ps.* XXII, 2-4. 3 [L'identification symbolique de Marie avec l'Arche de l'Alliance est attribuée aux Pères du Concile de Nicée dans le *Kebra Nagast* (éd. Bézold in *Abh. K. Bay. Ak. d. Wissenschaften, I Kl.*, XXXIII Bd., I Abt., 1905, p. 5-6 texte éth.; p. 5 trad.).] 4 [Ce passage du *Pasteur* de Hermas, résumé plutôt que cité par notre auteur, se trouve dans l'édition D'Abbadie : *Hermae Pastor aethiopice primum edidit et ex aethiopica lingua latine vertit* A. D'ABBADIE, Lipsiae, 1860, p. 16-62 (texte); p. 152-154 (trad.). Cfr ci-dessus, *Introduction*, p. IV.]

populations s'en allèrent dans leur pays. Peu de jours après, ils apportent leurs rameaux et ils viennent tous, en portant leurs branches à cet ange et ils les donnent à cet ange. Il y a parmi leurs rameaux des (branches) desséchées et il y a des rameaux (desséchés) à leurs extrémités et il y a des rameaux qui (le) sont totalement. Il y en a aussi parmi eux qui (viennent) avec des arbustes couverts de fruits mûrs entièrement depuis leurs racines jusqu'à leur faîte. Et leur Pasteur se réjouit au sujet de ceux qui sont ainsi, qui se présentaient en portant leurs fruits avec leurs branches; et le Pasteur lui-même commanda qu'on leur donnât des vêtements lumineux, récompense de leur glorification, et des couronnes sur leur tête, et on les fit monter au palais qui a été bâti avec de l'or pur et tressé dans la lumière du ciel tout entièrement. Ce sont donc eux qui apportent des fruits avec leurs palmes; et leurs fruits sont gros et abondants et leurs raisins sont bien plus doux que le miel et le sucre. Eux, dont les fruits sont ainsi, ce sont les saints, les martyrs et les moines ascètes.

En vérité donc, devenu ascète, notre père Filmonā, le bienheureux, poursuivit son chemin, portant la couronne de ses fruits nombreux, se mettant à l'ombre de ses arbustes verdoyants, tandis que l'entouraient (par protection) à sa droite et à sa gauche des anges de lumière spirituels et tandis que le guidait l'Esprit-Saint devant lui. Tandis qu'il allait ainsi, il parvint en face du couvent et il trouva là des moines qui allaient vers ce monastère. Et il leur dit : « Salut à vous, mes pères, * ô vous les saints du Seigneur! » Et ils * p. 30
lui dirent : « La paix du Seigneur soit avec toi! » Et il leur dit : « Où voulez-vous aller? » Ils lui dirent : « Nous voulons aller jusqu'au couvent de Ta'aminā. » Et notre père leur dit : « Moi aussi, je veux aller avec vous vers ce couvent. » Et ils lui dirent : « As-tu besoin d'aller là? » Et il leur dit : « Oui, j'ai besoin et je veux voir Tāddēwos mon père. » Ils lui dirent : « Connais-tu notre père Tāddēwos? » Et il leur dit : « Oui, je le connais, car il est le frère de mon père. » Il alla ensemble avec eux et il arriva à ce monastère. Ces moines s'éloignèrent et se séparèrent de lui. Étant parvenu à ce monastère auprès de notre père (Tāddēwos), il salua tous les moines. Ils lui dirent : « Ton voyage a-t-il été sain et sauf? » Et il leur dit : « Oui, sain et sauf a été mon voyage, mais parlez à mon

père Tāddēwos et dites-lui : il y a un moine présent ici, à la porte du vestibule et il veut parvenir auprès de toi. » Ils lui dirent : « Connais-tu ce saint du Seigneur ? » Et notre père Filmonā leur dit : « Quant à moi, je ne le connais pas, parce que j'étais jeune à cette époque, mais on m'a donné des nouvelles à son sujet, lorsque j'étais dans le pays de mon père. Ils m'ont dit : Le frère de ton père a émigré au loin vers une autre terre et il est devenu un moine parfait. Et maintenant dites-lui : le fils de ton frère est un moine qui veut parvenir vers toi ».

Et les serviteurs de notre père Tāddēwos lui annoncèrent ce que leur avait dit notre père Filmonā. Et alors, ils l'introduisirent près de lui et ils se saluèrent entre eux réciproquement. Et Tāddēwos son père embrassa notre père Filmonā et il pleura sur lui des pleurs amers et lui dit : « De quel monastère es-tu venu, ô mon fils, et où as-tu demeuré jusqu'à maintenant ? » Notre père Filmonā lui dit : « Je suis venu, d'abord, de la maison de mon père, tandis que je te cherchais, jusqu'à ce que je parvienne dans ce pays-ci, * p. 31 * j'ai circulé de tout côté, j'ai fait des recherches à ton sujet et je n'ai trouvé personne qui pût me faire connaître où tu étais ; et, lorsque je n'ai pas pu connaître de tes nouvelles, je suis monté au monastère élevé qui s'appelle Dabra Māryām et je suis resté là auprès d'un moine saint, dont le nom est Zakāryās, et, lorsque j'ai appris de tes nouvelles, je suis venu ici vers toi. » Lorsqu'il eut dit ceci, Tāddēwos le reçut auprès de lui avec joie et avec allégresse et ils se racontèrent mutuellement les grandeurs du Seigneur. Et, lorsqu'ils eurent terminé leur exposé, notre père Filmonā se leva et entra dans l'église, puis il pria et dit : *Je l'ai cherché et je l'ai trouvé, je l'ai appelé et il m'a répondu, je l'ai pris et je ne le laisserai pas* [1]. Et il pria de nouveau et il dit : *La droite du Seigneur a montré la force, la droite du Seigneur m'a exalté.* Et, lorsqu'il eut terminé cette prière, il retourna vers notre père [2] Tāddēwos et ils glorifièrent le Seigneur leur Dieu de les avoir réunis en un même séjour. Ensuite, il salua tous les moines, car il y avait là des colonnes d'or précieuses et aussi des vases à anse préparés pour l'Épouse. Et ils dirent après s'être tous réunis : *Voici une bonne chose et une chose agréable lorsque des frères se*

1 Cfr *Cant.*, III, 4. 2 *Ps.* CXVII, 16.

trouvent ensemble[1]. Et ainsi, ils glorifiaient ensemble le Dieu de justice et ils le bénissaient tous au nom du Seigneur leur Dieu.

Lorsqu'il eut entendu la bénédiction de leur part, il retourna vers notre père Tāddēwos et lui dit : « Expose-moi et fais-moi connaître, ô père, (quelque chose) des paroles des prophètes et des apôtres, parce que, lorsque je les entends, ce m'est plus doux que le miel et le sucre ». Et lui (Tāddēwos) l'exhorta en disant : « *Ô mon fils, le premier élément de la sagesse est la crainte du Seigneur*[2]. La sagesse consiste à garder les commandements du Seigneur. Ô mon fils, deviens sage pour te sauver toi-même. *La sagesse donc célèbre ses justes*[3] et elle leur dit : *Venez à moi pour être rassasiés par mes raisins*[4] et pour vous délecter de mon jardin, *parce que moi je suis sortie de la bouche * du Très-Haut et j'ai couvert la* * p. 32 *terre comme d'une nuée*[5] et *j'ai circulé dans tous les pays*[6] et *j'ai cherché mon repos* et j'ai dit à mon Dieu : *Où vais-je demeurer?*[7] Et le Seigneur m'a dit : *Habite en Jacob et prends ton héritage en Israël*[8]. Et quant à moi, *j'ai planté ma tente dans Jacob* et j'ai habité auprès de lui et j'ai établi mon repos pour toujours. Et ainsi, ô mon fils, l'auteur de la Sagesse, Salomon le roi, exhorte et imprègne de sagesse extrêmement tous les peuples chrétiens. Maintenant donc deviens sage en ton cœur et humble en ton esprit, doux en tes paroles, et pur dans ta chair, ne te confie pas aux fils d'Ève, confie-toi en lui d'un cœur pur, dans le Seigneur ton Dieu, et n'adore pas d'autre Dieu que lui, comme a dit le prophète : *Je suis le Seigneur ton Dieu et il n'est pas d'autre Dieu que moi dans le Ciel en haut et sur la terre ici-bas*[9]. *C'est moi qui tue et qui donne la vie, qui rachète et qui délivre, (rien) que moi, dit le Seigneur*[10]. Et de nouveau, il dit dans la loi de Moïse : *Sachez que moi, je suis le Seigneur, il n'est pas d'autre Dieu que moi, je tue et je donne la vie, je châtie et je pardonne, il n'est personne qui échappe à ma main*[11]. Et tandis qu'ainsi tu parles de ta bouche, ne dis pas dans ton cœur : « l'homme tue et l'homme donne la vie », afin que tu ne sois pas éloigné du Temple du Dieu de Jacob et écarté de l'héritage d'Israël. Il n'y a pas de péché qui

1 *Ps.* CXXXII, 1. 2 *Ps.* CX, 10 etc. 3 *Eccli.*, XXIV, 1. 4 *Ibid.*, 26. 5 Cfr *Eccli.*, XXIV, 5-6. 6 Cfr *Ibid.*, 8-9. 7 *Ibid.*, 11. 8 *Ibid.*, 13. 9 *Ex.*, XX, 2-3. 10 *Deut.*, XXXII, 39. 11 *Ibid.*

soit plus grand que ce comportement et il n'y a pas d'erreur plus grande au nombre de tous les péchés qui se commettent sur la terre. Vraiment donc, seront éloignés du Seigneur ceux qui ont confiance dans ce comportement, lorsque le Fils dira à ceux qui sont à sa gauche : *Éloignez-vous de moi, vous tous, ouvriers d'iniquité* [1], et leur héritage sera dans le feu de la géhenne, duquel il n'y aura pas de sortie pour toujours. Et de plus, garde-toi de
* p. 33 regarder le visage d'une femme, parce que celui qui * regarde la femme et s'entretient avec elle (est) comme celui qui serre fortement un scorpion et comme celui qui enroule un serpent à son cou et comme celui qui pose une vipère sur son sein. Ayant connu ceci, nos pères les moines ont fui de couvents en couvents, ils ont fui dans les grottes et les cavernes de la terre [2], ils ont souffert, ils ont eu soif, ils ont eu faim, jusqu'à ce que descendît sur eux l'Esprit-Saint comme la rosée de la pluie qui rafraîchit et éteint la concupiscence de la chair brûlante comme le feu. » Et, lorsqu'il entendit ceci, notre père Filmonā fut émerveillé extrêmement, et il dit à son père Tāddēwos : « Combien ta parole est suave pour moi ! Autant que les rayons de miel et le vin pur de Sorec [3] et comme le lait qui est dans le Paradis. » — De nouveau, il l'exhorta et lui dit : « Garde-toi de manger de la viande et du vin fermenté et de l'hydromel, et de l'écrasement des baies [4]. Aime ton prochain comme toi-même et ne dis pas dans ton cœur : Celui-ci est fils d'un tel et celui-là est le fils d'un tel, qui n'est pas le mien ; mais, en égalité, aime-les (tous) sans distinction, tous les fils du baptême. En effet, ils sont nés dans le baptême de l'eau d'une seconde naissance [5], ils ont reçu sa chair sainte et son sang glorieux. Ils sont devenus des peuples chrétiens, des serviteurs du Christ, comme dit la langue balsamique [6] : *Vous êtes les frères du Christ. C'est pourquoi purifiez votre chair de la luxure et de l'impureté. En effet, après que vous avez reçu la chair et le sang du Christ, vous êtes devenus ses associés* [7]. Une est votre mère, la Sainte Église qui est basé sur *Iota,* c'est-à-dire la Loi et construite sur

[1] *Matth.*, VII, 23. [2] *Hebr.*, XI, 38. [3] Cfr *Jud.*, XVI, 4. [4] [Il s'agit ici de la prescription de *Lév.*, XIX, 10.] [5] [Cfr *Joh.*, III, 5.] [6] [S. Paul, « langue balsamique » (μυρόγλωσσος).] [7] [Cfr *Rom.*, VIII, 17 : « cohaeredes autem Christi » ; et 1 *Cor.*, X, 16.]

Delta[1], c'est-à-dire la parole de l'évangile saint, comme dit Salomon qui a composé pour elle le cantique à l'ombre du rocher, auprès du mur[2]. Quant au mur, cela signifie les paroles de la Torah qui est la première Loi; quant au rocher, cela veut dire le Christ[3], qui est appelé pierre du diamant solide qui ne s'ouvre pas * au passage; (pierre) sur laquelle a été fondé le banquet nuptial, * p. 34 le lieu du sacrifice de la chair du Fils, laquelle nourrit ses enfants du sacrifice de l'Époux[4]. Elle les élève sur son sein, elle les nourrit, elle leur donne à boire et les abreuve du lait de joie qui jaillit de ses deux mamelles. C'est pourquoi, aime-les comme tes égaux, parce qu'ils sont devenus tous les frères du Christ et leur mère est une : l'Église sainte. Sois doux dans ton cœur, humble dans ton esprit, pur dans ta chair, modeste en tes paroles et bon dans tes actes. Si tu fais ceci, tu ressembleras au Christ ton Dieu. »

Et, lorsqu'il eut entendu ceci, notre père Filmonā se réjouit dans son esprit. Il se leva et se prosterna devant notre père Tāddēwos son maître. Il augmenta et accrut son ascèse, il s'enflamma comme le feu en sa pensée dans l'amour du Christ, se mit à se signer des signes (de croix) et oublia les pensées terrestres. Il devint dans son cœur comme un char qui court entre le ciel et la terre. C'est ainsi qu'il courait à faire les prières et se tenait et se prosternait et priait sans cesse et servait les moines d'un cœur pur. Quant aux moines, eux, ils étaient émerveillés de sa bonté et ils le bénissaient, chacun selon ses propres paroles au nom du Seigneur leur Dieu. Quant aux moines qui habitaient dans ce monastère, c'étaient comme des astres lumineux et ils étaient d'accord tous entre eux et il n'y en avait aucun qui changeât de lieu et qui prit sa liberté. *Il n'y avait aucun qui dit parmi eux : « Ceci est à moi et ceci à toi ». Mais tous leurs biens étaient en commun*[5]. Quant à la nourriture qu'ils

1 [La lettre grecque *iota*, ici et ailleurs, est le symbole de l'Ancienne Loi à cause de sa valeur numérique : dix, le nombre des commandements donnés à Moïse. La lettre *delta* est, dans notre texte, le symbole de la Loi Nouvelle de l'Évangile, probablement en se référant à *Ps.* CXVIII, 25, où *daleth* commence par un passage qui est interprété dans les écoles éthiopiennes comme une prophétie de la Rédemption (« Adhaesit pavimento anima mea; vivifica me secundum verbum tuum »).] 2 Cfr *Cant.*, II, 9. 3 1 *Cor.*, X, 4.
4 [Le « banquet nuptial » (cfr *Matth.*, XXV, 10), où l'Époux est le Christ qui par son sacrifice, renouvelé dans l'Eucharistie, a sauvé le genre humain.]
5 [*Act.*, IV, 32.]

prenaient, c'étaient les produits des champs. Ils repoussaient les mets suaves (n'acceptant) rien que des fruits *ḥenkakeyā,* rien que des fruits *dekun* [1] et rien qu'une seule fois. Ceci donc était leur nourriture de tous les jours de la vie. Tandis qu'ils demeuraient ainsi tous
* p. 35 ensemble, notre père * Tāddēwos se sépara d'eux, s'éloigna à l'écart et entra dans une petite grotte, afin de s'y établir, de prier, de se prosterner avec d'abondantes larmes, beaucoup de discipline dans le jeûne et dans la prière vers son Dieu Jésus-Christ. Et il ne goûtait aucun aliment sinon tous les trois jours, et c'était des herbes du désert tous les trois jours, et, lorsque se couchait le soleil il prenait des fruits *ḥenkakeyā* et il en mangeait sans rassasier son estomac. Et, lorsqu'il buvait de l'eau, il ne se satisfaisait pas ni mouillait sa gorge; et il mangeait cinq fruits qui étaient desséchés et il y avait des jours où il augmentait (sa ration). Il mangeait dix fruits parmi les fruits et, à chaque (manducation) de ces fruits, il se prosternait pour chacun mille fois, jusqu'à ce que coule la sueur de son visage comme de l'eau. Un jour qu'il se tenait debout, le soleil face à sa poitrine, jusqu'à ce qu'il se levât en face de son dos, alors il se tenait debout et ne vacillait pas d'un côté ou d'un autre, mais il se tenait droit comme une colonne de fer qui est fixée sur un roc de diamant solide. Quant à notre père Filmonā, il le (Tāddēwos) servait selon ses besoins, pour lui apporter des produits des champs et, tandis qu'ils habitaient ensemble, notre père Filmonā lui dit : « En ce qui me concerne, je veux aller sur les grandes places des villes du monde, pour y donner à vendre des fruits d'arbres, afin d'obtenir ainsi notre nourriture journalière. » Et notre père Tāddēwos lui dit : « Va en paix, mais seulement, que rapide soit ton retour! »

Ensuite, notre père Filmonā s'en alla, hâtant sa marche et il arriva portant des fruits d'arbres fruitiers sur les places des villes du monde, et, en arrivant, il se mit à l'ombre, à cause de l'épuisement corporel qu'il avait enduré. Ensuite, il fit du bruit avec son bâton. (Des gens) vinrent vers lui de leurs maisons, ils le saluèrent et lui dirent : « Ton voyage a-t-il été bon? » Et il leur dit : « Oui, mon voyage a été bon, mais je suis venu (ici), parce

1 *Ḥenkakeyā* et *dekun* sont les noms de fruits non identifiés. [Il faut aussi corriger le texte (p. 34, *25*) ዘእንበለ ፡ [፩] ፡ ጊዜ.]

que j'ai un désir à vous exprimer. Maintenant prenez de * ces fruits d'arbres fruitiers que j'ai apportés pour vous, afin que vous les mangiez à votre table. Quant à moi, donnez-moi de la nourriture pour mon père, selon ce que vous avez. » Et ils lui donnèrent de ce qu'ils avaient. Lorsqu'il fut gratifié de leurs dons, il rebroussa son chemin en se hâtant. Quant à son chemin, il était tout à fait rocailleux et étroit. * p. 36

Il parvint le soir à la grotte de notre père Tāddēwos, ayant peur, tremblant et vacillant, parce qu'il avait négligé la parole de son père, notre père Tāddēwos. Lorsqu'il fut parvenu a la porte de sa grotte, il fit du bruit avec son bâton, en disant trois fois : « Pardonnez-moi, pardonnez-moi, pardonnez-moi ». Alors, notre père Tāddēwos sortit (de sa grotte). Il avait entendu le bruit des paroles de son fils. Et lorsqu'il le vit, il (Filmonā) le supplia, alors qu'il (Tāddēwos) était en grande colère, jointe à une forte indignation. Alors, il fut épouvanté et devint comme un cadavre et dit dans son cœur: «Mieux vaudrait pour moi mourir que d'entendre cette indignation et colère. » Et notre père Tāddēwos lui dit : « Te semble-t-il, ô mon fils, que tu resteras dans le monde passager pour toujours? En effet, quant à ce monde, il passera comme l'ombre. » Et (Filmonā) se soumit à lui, devant lui, et courba sa tête, portant à son cou une grande pierre, tandis qu'il faisait couler de ses yeux des larmes amères et ensuite, (Tāddēwos) lui enjoignit, selon la règle canonique, de se tenir debout et de se prosterner, et, de suite, il se tint debout aussitôt, en faisant des prostrations comme une roue; il pria et il dit : *Depuis le sein de ma mère, tu es mon Dieu, ne t'éloigne pas de moi, parce que j'en suis venu à être dans l'angoisse* [1] et je suis devenu un sujet d'indignation pour mon père par le nombre de mes fautes et de mes péchés. Et lorsque fut arrivée l'heure de la nuit, notre père Tāddēwos sortit de sa grotte, comme il en avait l'habitude, en achevant les psaumes de David. Il vit à la porte de sa grotte notre père Filmonā, prosternant sur sa face comme une roue et il lui dit : « Ô mon fils, ce n'est pas par haine que je t'ai réprimandé, mais c'est pour que tu ne cesses pas les louanges du Fils du Seigneur vivant. Et maintenant, que la pensée des choses de la terre ne te

1 *Ps.* XXI, 11-12.

rende pas triste, parce que tout ceci est vain. » Et ayant dit cela, * p. 37 il fit la paix avec son fils. Il remit sa faute [1], * il le bénit, il l'exhorta et lui dit : « Ô mon fils, ne méprise pas les préceptes de ton père qui te guidera dans le chemin de la justice. Avant tout, acquiers l'humilité, la douceur et la pureté de la chair. Si tu acquérais ces trois qualités tu ressemblerais parfaitement au Seigneur ton Dieu. Il n'y a certes rien qui vienne de moi dans cette similitude, mais cela vient de lui, d'Emmanuel notre Dieu, lorsqu'il dit : *Faisons l'homme à notre ressemblance et à notre image* [2]. Vraiment donc, (les hommes) seront comme le Christ leur Dieu, s'ils possèdent ces trois qualités, comme dit l'écrivain des commandements de Salomon le roi : *De tous les volatiles, le plus petit est l'abeille, mais ce qu'elle produit est plus suave que tout et le goût de son rayon de miel réjouit les rois et les princes* [3]. Et de nouveau donc, si tu acquiers l'humilité, elle sera un câble d'or dans tes mains. Elle te fera monter en haut jusqu'à l'empyrée et elle te fera t'asseoir au-dessus des cieux élevés, sur un trône d'or, à la droite du Seigneur ton Dieu. Cela donc, place-le dans ton cœur, ô mon fils, et mets-le comme un anneau dans ta main. »

Et, ayant entendu cette exhortation, il la trouva extrêmement admirable, à cause de la suavité de ses paroles et à cause de l'éloquence de son langage. Et il lui dit : « Ô mon père, j'acquiesce à tes paroles et à tes ordres, mais prie pour moi, afin que le Christ me fortifie par la force de son bras et afin qu'il me délivre de tous mes ennemis. A lui gloire pour les siècles des siècles. Amen. » Et tandis qu'ils demeuraient ainsi notre père Tāddēwos réfléchit dans son esprit et dit : « Mieux vaut pour moi que je m'écarte de ce lieu et que je passe vers une autre terre. » Il pria et il dit : « Ô Seigneur, Dieu des forts, redoutable qui *as rendu solides les cieux* [4], et qui es descendu pour sauver les hommes, conduis-moi aussi dans le chemin de la justice, afin que je me soumette à ton nom saint et glorieux dans les siècles des siècles ! Amen. » Ayant dit ceci, il sortit seul de son lieu en secret et il alla dans la campagne, tandis que, devant lui, un ange du Seigneur le condui-

1 [On ne voit pas bien quelle avait été la faute commise par Filmonā pendant son voyage au marché, sinon peut-être d'avoir retardé son retour.]
2 *Gen.*, I, 26. 3 *Eccli.*, XI, 3. 4 *Ps.* XXXII, 6.

sait. * Il arriva du côté du sud du couvent de Ta'aminā, et il établit * p. 38 là sa demeure. Notre père Filmonā le bienheureux, ne le trouvant pas dans la demeure, fut extrêmement consterné, et il dit : « Où est allé mon père, loin de ce monastère? » Et de nouveau, les moines furent consternés, quand ils entendirent (cela) à son sujet. Notre père, le bienheureux Filmonā, s'en alla en pleurant et affligé au sujet de son père Tāddēwos, et il le trouva près d'un cours d'eau, priant et adorant, se tenant debout auprès du Seigneur son Dieu. Lorsque (Tāddēwos) le vit là, il se mit en colère contre lui, il s'indigna extrêmement et il lui dit : « Ô mon fils, pourquoi me suis-tu comme un voleur partout où je vais? » Et lorsque (Filmonā) l'entendit se mettre en colère contre lui, il devint triste, il fut effrayé, il fut agité dans son esprit, il s'éloigna, il se retira, il se tint debout, à l'écart, pleura des larmes amères et il dit: « Où [irai-je] quand je t'aurai quitté, ô père illustre, toi le bâton puissant de ma délivrance? » Et ensuite, tandis, qu'il pleurait ainsi, tandis qu'il parlait avec des larmes amères, (Tāddēwos) le reçut auprès de lui, pour demeurer avec lui dans une affection parfaite et (Filmonā) se joignit à lui depuis ce jour dans un amour parfait et dans une grande humilité, pour le servir, selon toutes ses volontés, tous les jours de sa vie. Il devint ici un ascète, intensifia son combat, comme s'il n'avait pas commencé auparavant, renouvela sa sanctification et redoubla de résultats, plus que (dans) son premier combat qui était copieux. Il devint comme les Anges Vigilants [1] qui ne cessent pas la glorification du Christ. Et tandis qu'il faisait ainsi dans ce désert, il alla vers un des pays environnants pour y chercher des objets avec lesquels ils boiraient l'eau, parce qu'il n'y avait, là où ils se trouvaient, dans cet endroit, ni tapis, ni demeure, ni amphore pour y boire de l'eau, pas de vaisselle pour faire cuire des légumes verts, pas d'aliments pour se nourrir. Rien que des légumes sauvages, seulements des légumes tendres. Aussi, lorsqu'ils voulaient boire de l'eau, ils descendaient vers la source * d'eau et ils la prenaient dans le * p. 39 creux de leurs mains. Ils buvaient et n'étanchaient pas complètement leur soif. Lorsqu'ils voulaient manger, notre père Filmonā recueillait de ses mains des herbes tendres et ils apportait à son père. Ils mangeaient, comme des animaux, des feuilles tendres, sans en rassasier

1 [Les Anges ἐγρήγοροι.]

leur ventre. Il y avait des jours où ils mangeaient des *ḥenkakeyā* et des fruits de *gemzā*[1] sans entendre la voix des hommes. Rien que le bruit des bêtes seulement.

Revenons donc à ce qui précède. L'espace de ce pays avait pour mesure un itinéraire d'un jour et demi (de marche). Lorsque (Filmonā) fut arrivé et eut trouvé un homme fidèle et bon qui connaissait notre père Tāddēwos; et, lorsque ce fidèle le vit, il alla à la rencontre de notre père Filmonā, le bienheureux, il le salua du salut spirituel et il le fit coucher dans sa maison. Au matin, il gratifia de dons notre père Filmonā. Il lui donna ce qu'il désirait en fait de vaisselle pour faire cuire les légumes verts, et de grandes urnes pour boire l'eau. Et, tandis qu'il marchait en (les) portant sur son chemin, il arriva (à un endroit) où se trouvaient des lions terribles et beaucoup de bêtes sauvages. Là surgit parmi eux une bête féroce courant rapidement et s'agitant à droite et à gauche. Elle parvint auprès de notre père Filmonā, elle passa à travers ses genoux, elle le prit avec ses cornes, le mordit, [et le jeta] en haut comme un tourbillon terrible, elle le culbuta contre un rocher. Aussitôt, arriva son père Tāddēwos, en volant comme un aigle sur les ailes de l'Esprit. Il repoussa cette bête et il la terrifia comme s'il l'avait frappée avec un bâton. Il chassa cette bête et cela, jusqu'à ce qu'elle s'en allât comme une nuée. Et notre père Filmonā, après que cette bête l'eut jeté contre le rocher, se leva sain et sauf comme s'il n'avait pas souffert du tout, en quoi que ce soit; et ses ustensiles de vaisselle ne furent pas brisés et ne furent pas percés et il ne se trouva pas une trace de fissure en eux et ensuite il les porta sur sa tête, comme il les avait portés auparavant;
* p. 40 vant; et il parvint vers son père Tāddēwos, en glorifiant * le Christ son Dieu de ce qu'il l'avait délivré de la bête redoutable. Et (Tāddēwos) lui dit : « Ta venue a-t-elle été saine et sauve, ô mon fils? » Et quant à lui (Filmonā), il lui dit : « Et quant à toi, es-tu en bonne santé, ô père illustre? » Et (Filmonā) lui dit : « Pourquoi m'as-tu oublié au point que soient arrivées toutes les calamités? » Et (Tāddēwos) lui dit : « Je ne t'ai pas oublié quant à moi, mais seul le Seigneur t'a délivré de cette bête féroce. »

Ce qu'ayant dit, ils délibérèrent ensemble pour faire un abri où

1 *Gemzā* aussi est un fruit non identifé.

habiter. Puis ils coupèrent des arbres et ils firent un abri. Quant à son père (de Filmonā), Tāddēwos, il construisit sa cellule séparée vers la solitude. Ensuite, Tāddēwos son père dit à notre père Filmonā : « Ô mon fils, il vaut mieux pour nous que nous travaillions la terre et que nous semions du *denk*^{u}*el* [1], afin que nous nous nourrissions du travail de nos mains, comme dit David le prophète : *Des fruits de ta peine, tu te nourriras, bienheureux es-tu, heureusement pour toi* [2]. Et, à partir de là, ils commencèrent à travailler la terre et ils se nourrirent du travail de leurs mains. Et de nouveau, ce fut ainsi que Tāddēwos son père exhortait (Filmonā) et il lui dit : « Ô mon fils, n'exagère donc pas (ton) travail, lorsque tu travailleras la terre, pour que ne te submerge pas la condition de ce monde, et n'augmente pas le travail de tes mains, en sorte qu'il n'y ait pas cessation de la prière. » Et, tandis qu'ils demeuraient ainsi, notre père Filmonā commença donc (son labeur), il entreprit de travailler la terre et il advint qu'il accrût assidûment son travail de la terre arable comme un ouvrier et comme un cultivateur acharné. Or son père Tāddēwos se tenait à la porte de sa cellule et voyait de ses yeux notre père Filmonā accroître assidûment le travail de la terre. Et quand (Tāddēwos) vit (Filmonā) se tenant en face de la cellule, il fit du bruit avec son bâton, et lorsque notre père entendit (Tāddēwos) faire du bruit avec son bâton, il fut terrifié, il eut peur et il trembla. Il se leva et, lorsqu'il fut debout, son père Tāddēwos lui dit : « Pourquoi exagères-tu le travail, ô mon fils? Te semble-t-il que tu demeureras en ce monde? N'est-ce pas à ce sujet que je t'ai averti, que je t'ai exposé et que je t'ai dit : Ô mon fils, n'augmente pas les œuvres de la terre, afin que * les affaires de * p. 41
ce monde ne te submergent pas. » Ayant dit ceci, il lui ordonna selon la règle canonique, de se coucher sur son dos. Et, lorsque notre père Filmonā eut entendu (cela), il se prosterna en arrière, se coucha sur son dos sur de la cendre, aligna ses jambes et étendit ses mains. Il plaça sa poitrine en face du soleil et il était enflammé comme du feu et l'ardeur des cendres était comme l'ardeur de la flamme

1 [Le mot *denkuel* n'est pas dans les lexiques. Il pourrait être une déformation (dialectale ou du copiste?) pour *dang*^{u}*olā* « tournesol ». Les grains de tournesol grillés sont mangés en Éthiopie dans les campagnes. L'abbé Allotte avait plutôt pensé au mot tigriñña *denk*^{u}*el* « motte », qui toutefois n'est pas attesté en éthiopien.] 2 *Ps.* CXXVII, 2.

et il resta là, depuis le temps de trois heures jusqu'au temps de sept heures. Tāddēwos le dégagea de l'engagement de la parole de son père et le fit lever. Il l'admonesta de nouveau avec une grande répréhension et il lui dit : « N'as-tu pas entendu, ô mon fils, ce que (le Christ) a dit au Roc de Rome [1] : *Il les fit monter sur une montagne élevée où ils étaient seuls, ses vêtements devinrent blancs comme la grêle et son visage fut étincelant comme le soleil* [2]. Et (Pierre) se délecta dans la lumière de la vie et il désira demeurer là. Il dit (au Christ) : *Ô Maître, il vaut mieux pour nous que nous restions ici et que nous fassions trois tentes : une pour toi, une pour Moïse et une pour Élie* [3]. Et, lorsqu'il eut dit ceci, le Seigneur admonesta le Roc de la foi, et il dit : Satan te fait la guerre et il te fait désirer en ton cœur de demeurer en ce monde [4]. Ainsi donc, le Seigneur l'a repris, lui qui tient dans ses mains les clés du soleil. Et de nouveau, Notre-Seigneur lui dit : A quoi penses-tu, ô fils de Jona? (Ne sais-tu pas) que la condition de ce monde passager ne te sert de rien. Quant à ta (vraie) condition, elle n'est pas de ce monde, mais à l'abri de la Jérusalem céleste. Voici donc ce que dit (le Seigneur) au Roc de la foi, lorsqu'il désira demeurer sur la montagne du royaume d'Emmanuel notre Dieu. N'est-ce donc pas ainsi que Notre Seigneur a réprimandé (S. Pierre), celui qui a dans ses mains *les clés du royaume des cieux* [5]. Pourquoi, ô mon fils, n'écoutes-tu pas mon avertissement et n'as-tu pas observé mon commandement? N'est-ce pas à cause de ceci que je te dis, ô mon fils, de ne pas exagérer le travail de tes mains, pour ne pas cesser la glorification du Seigneur ton Dieu? Ta cité, *elle n'est pas ici dans le monde, mais dans l'éternelle cité* [6] qui est la Jérusalem
* p. 42 * céleste qui a été appelée : *l'Épouse de l'Agneau du Seigneur* [7]. Que là donc soit ta pensée et ton cœur, là où se trouve l'assemblée des premiers-nés bienheureux, l'assemblée des vierges et des moines, l'assemblée des justes et des martyrs. Que là soit ta pensée, parce que ce monde s'évanouit rapidement, comme la fumée en présence du vent. »

Lorsque (Filmonā) eut entendu tout cela, il gémit et il pleura, (selon) le témoignage de sa conscience, des larmes amères et il se

[1] S. Pierre. [2] *Matth.*, XVII, 1-2. [3] *Ibid.*, 4. [4] *Matth.*, XVI, 23. [5] *Ibid.*, 19. [6] *Hebr.*, XII, 14. [7] *Apoc.*, XXI, 9.

prosterna le visage contre terre et il dit : « Pardonne-moi, o père illustre, parce que c'est dans l'ignorance que j'ai fait cette action, mais seulement prie pour moi, afin que (Dieu) fasse oublier à mon cœur les choses de ce monde passager et afin qu'il me rende digne du royaume des cieux. » A lui, au Christ, convient la gloire qui a donné une telle patience, dans les siècles des siècles! Amen.

Ainsi donc, (Filmonā) persévéra avec une grande patience, comme s'il n'avait pas été revêtu de la chair, tandis que le soleil brûlait sa poitrine comme les flammes de feu et tandis que la cendre où il était couché sur la terre le brûlait comme du sable brûlant; et il ne bougea nullement, tandis que le consumait l'ardeur du feu du soleil, comme une chair rôtie, depuis le temps de trois heures jusqu'à la fin de sept heures, sur les ordres de son père Tāddēwos. Il devint, dans sa chair, pur comme les anges spirituels et, dans sa patience, il devint comme les martyrs vainqueurs et les ascètes.

Ensuite, vint donc à eux (Filmonā et Tāddēwos) et s'associa avec eux notre père Ēlyās [1] qui était chargé des brebis du troupeau du Christ, un maître véritable de la loi, étoile de lumière, qui se montre de loin, scellé dans l'esprit de la grâce. Ainsi donc, tandis que ces trois (Tāddēwos, Filmonā et Ēlyās) demeuraient ensemble dans une foi droite et dans une charité parfaite, vinrent des brigands et ils attachèrent par derrière notre père Tāddēwos avec ses deux disciples qui furent martyrs avec lui [2], et ces voleurs les ceignirent, les firent brûler dans le feu et ils terminèrent (leur passion) dans l'église sainte en embrassant la Table de la Loi du Seigneur. Que viennent sur nous * continuellement leurs prières pour les siècles des siècles! Amen. * p. 43

Quant à notre père Filmonā, un ange du Seigneur l'enleva et le remit à part à un saint du Seigneur. Quant à cet ermite, qui se trouvait auprès de la porte de leur habitation, (l'ange) le délivra de la flamme du feu brûlant; et, lorsqu'un des voleurs voulut le transpercer avec l'épée, cet ange qui l'avait sauvé auparavant du feu saisis le bras de ce voleur, fit sortir (Filmona), le cacha et le

1 [Selon les Actes de Tāddēwos, au contraire, Ēlyās fut envoyé avec Filmonā par Tāddēwos pour choisir un endroit convenable pour un nouveau monastère. Cfr R. De Santis, *Atti di Tāddēwos di Bārtārwā* in *Annali Lateranensi*, VI, 1942, p. 84-85.]

2 [Les Actes de Tāddēwos nous ont conservé les noms de ces deux disciples : Endreyās et Marqoryos. Cfr R. De Santis, *op. cit.*, p. 90.]

fit partir par une autre route, sachant qu'il devait devenir ensuite père de nombreuses brebis.

Revenons donc à ce qui précède et exposons ce qui concerne son combat ascétique étonnant et merveilleux. Et, après que fut achevé le martyre de son père Tāddēwos et de ceux qui étaient avec lui, les deux moines, il se mit à pleurer des pleurs amers à leur sujet et au sujet de sa séparation d'avec eux. Ensuite, ils tinrent conseil, lui et notre père Ēlyās, pour édifier là leur résidence et demeurer dans la vie solitaire.

Quant à notre père Filmonā, notre père Tāddēwos l'avait envoyé en voyage pour ses nécessités, sachant par l'œil de son esprit qu'il ne devait pas mourir avec lui. Et il l'institua le premier pour qu'il devînt maître sur ses brebis à sa place.

Et tandis qu'ils demeuraient tous deux ensemble dans un amour parfait, notre père Filmonā était donc un abstinent complet. Alors il pria : *Où le Seigneur est-il éloigné de ton esprit et où m'enfuirai-je de devant ta face : si je monte dans les cieux, là-même tu y es aussi et si je descends dans l'abîme, là aussi tu te trouves et, si je prends une aile comme l'aigle et que je vole jusqu'au bout de la mer, là aussi ta main me conduira et ta droite me déposera* [1].

Ensuite, il confia son âme au Seigneur son Dieu et il entra dans la profondeur d'un fleuve, jusqu'à ce que l'eau fut parvenue à son cou. Il s'y tint debout, éleva sa main, et il dit : « *Sauve-moi, Seigneur, parce que l'eau m'est parvenue jusqu'à mon âme et délivre-moi de la main de tous mes ennemis* [2] *et reçois, ô Seigneur, ma prière*
* p. 44 * *comme de l'encens en ta présence* [3]*; quant à moi, j'ai confié mon âme et mon corps entre tes mains* [4]. Gratifie-moi, ô Seigneur, de larmes amères, pour que je pleure devant toi sur mes péchés. »

Ensuite, lorsque les démons méchants virent sa patience, ils (l')attaquèrent, se mirent à l'effrayer par toute espèce d'épouvante et de terreurs. Il y en avait parmi eux qui ressemblaient à des sortes de crocodiles, d'autres à des sortes de serpents, à des sortes de lézards aquatiques et de vipères, et, avec de telles visions, ils essayèrent de l'effrayer ; mais lui, il leur disait : « Pourquoi vous êtes-vous embarrassés vainement, alors que le Seigneur est avec

[1] *Ps.* CXXXVIII, 7-10. [2] *Ps.* LXVIII, 2. [3] *Ps.* CXL, 2. [4] Cfr *Ps.* XXIV, 1-2 ; XXX, 6.

moi ? Lui me sauvera de vos mains. » Et, lorsqu'il eut dit ceci, l'ange lumineux du Seigneur descendit vers lui, ayant pris un glaive de feu qui est fulgurant comme l'éclair de feu et comme le fracas du tonnerre terrible qui brise (tout) en morceaux. Il chassa les démons de devant sa face et il les dispersa comme la fumée en présence du vent, comme la cire qui se liquéfie devant la face du feu. Quant à lui, l'ange le protégea et le garda comme la prunelle de ses yeux et il le couvrit sous l'ombre de ses ailes lumineuses ; et il l'entoura comme du mur qui entoure le palais du roi et ainsi il le protégea dans l'eau jusqu'à quatre lunaisons, c'est-à-dire depuis le dixième (jour) de la septième lunaison jusqu'au (mois de) *ṭobit* [1]. Après que furent achevées ces lunaisons, il psalmodia et il dit (le psaume) : *Lorsque les Israélites sortirent d'Égypte* [2], jusqu'à la fin.

Ensuite, il sortit de l'abîme [3] et le Seigneur Dieu lui accorda un pacte de miséricorde [4] en faveur de ses fils et en faveur de tous ceux qui ont confiance en sa prière et il lui accorda de nouveau que son séjour serait pour lui avec Pantaléon [5] l'anachorète dans le royaume des cieux. Et tout cela donc, le don du royaume des cieux il le trouva par le don de la grâce du Christ. Et, lorsqu'il jeûnait le jeûne pascal, il ne mangeait pas de nourriture et il ne buvait pas d'eau, sauf le jour du dimanche seulement. Et, à partir de là, il ne goûtait pas à la nourriture, * mais seulement aux fruits * p. 45
d'*ḥenkakeyā* et, lorsqu'aussi il buvait de l'eau, il ne la buvait pas, sinon dans la mesure du creux de sa main. Il ne donnait pas de

1 [Ce passage n'est pas sûr ; il est possible qu'il y ait eu omission de quelques mots dans le ms. Le mois (copte) de *ṭobit* correspond au mois éthiopien de *ṭerr* (janvier). Le texte paraît dire que Filmonā fut protégé par l'Ange « à l'intérieur de l'eau » (dans le fleuve) pendant une longue période, après l'assaut des démons. Cfr *infra*, p. 49.] 2 *Ps.* CXIII, 1. 3 [Cfr note 1. Filmonā avait été, parait-il, tenté dans un gouffre d'eau par les démons, qui, du reste, s'étaient présentés à lui sous forme de bêtes aquatiques (crocodiles, etc.).] 4 [Pour le « pacte de miséricorde » (accordé ici à Filmonā) cfr mon article : *La festa etiopica del Patto di Misericordia e le sue fonti nel greco « Liber de Transitu » e nel racconto latino dei Cinque Dolori di Maria* in *Silloge Bizantina in onore di Silvio Mercati*, Roma 1957, p. 53. La concession du « pacte de miséricorde » est ici citée par notre texte, comme preuve de la sainteté de Filmonā.] 5 [Pantaléon est un des « Neuf Saints » venus de Syrie en Éthiopie. Ses Actes ont été édités et traduits par Conti Rossini dans CSCO 26/Aeth. 8, et 27/*Aeth. 9*, Rome, 1904.]

sommeil à ses yeux, jusqu'à ce que fût terminé le jeûne des quarante jours et des quarante nuits. C'est donc ainsi qu'il continua à faire de l'ascétisme tous les jours de sa vie. Et de nouveau, à son sujet, quelque moine m'a raconté et m'a dit : lorsqu'il eut achevé de jeûner pendant quarante jours et quarante nuits, ainsi il continua à pratiquer son ascèse tous les jours de sa vie. Et de nouveau, à son sujet un moine m'a dit : et, lorsqu'il eût fini de jeûner quarante jours et quarante nuits il sortit de sa grotte et il marcha dans l'église sainte pour se laver les pieds, selon la loi de l'Évangile qui était établie. C'est le jour où Notre Seigneur lava les pieds de ses apôtres [1]. L'un des moines (vint) pour nettoyer la grotte de notre père Filmonā l'ascète et, tandis que ce moine nettoyait, il trouva deux serpents qui étaient devenus des cadavres à l'endroit où se tenait notre père Filmonā. Ce moine s'étonna extrêmement de cela. Au sujet de (Filmonā), fut donc accompli ce que Notre-Seigneur a dit dans son évangile saint : *Je vous ai donné (le pouvoir) de fouler aux pieds les serpents et les scorpions et (la domination) sur toutes les forces de l'ennemi* [2]. David a dit ceci au sujet de ces merveilles : *Tu marcheras sur le loup et sur le dragon et tu fouleras aux pieds les lions et les serpents* [3].

Vraiment donc, notre bienheureux père Filmonā a foulé les serpents et les scorpions sous ses pieds ; il coupa, il trancha par le milieu comme un glaive aigu. Et ce récit ne fut pas un mensonge. Mais c'est véritablement digne de foi : celui qui l'a vu de ses yeux me l'a raconté exactement.

Ainsi, Filmonā a continué à faire des miracles et des prodiges nombreux pendant les jours de sa vie.

Ensuite, il voulut dans son esprit aller à Jérusalem ; il se leva, il partit en cachette, sans que personne des gens ne le sût, et, tandis qu'il allait, il rencontra un moine nommé Gabra Manfas Qeddus. Ils se saluèrent mutuellement. Quant à (ce moine), c'était un ascète
* p. 46 qui était descendu * à Jérusalem et était demeuré douze années dans la terre d'Égypte ; et Filmonā exposa tous ses projets à ce moine. Il lui raconta comment il avait voulu aller à Jérusalem [4]

1 Le Jeudi Saint. 2 *Luc.*, x, 19. 3 [*Ps.* xc, 13, où le traducteur a rendu ἀσπίς par *tak*^{u}*elā* « loup ».] 4 [Ici notre ms. a omis quelques mots qui probablement étaient : « Et le moine lui répondit : Ne passe pas par ce chemin

parce que c'était une région païenne et juive. (Le moine répondit) : « Plutôt que de demeurer là (en Égypte), il vaudra mieux pour toi de rester ici, pour que tu demeures parmi les chrétiens, (même) avec les laïques. Est-ce que tu ne comprends pas ce qu'a dit David le prophète : Dans tous les pays est sa divinité. *Personne ne se cache de sa flamme* [1], car tout est rempli de la domination du royaume du Christ, *soit que nous mourions dans le Christ, soit que nous vivions dans le Christ* [2]. C'est pourquoi il vaut mieux pour nous recevoir la chair du Christ ici et son sang sacré qui nous purifiera de nos taches. » Et, lorsque notre père Filmonā (eut entendu) ceci, eut tranquillisé son cœur et fixé sa pensée, il retourna dans son pays. Il n'avait pas désiré d'aller à Jérusalem volontairement mais plutôt pour affaiblir sa chair, en allant sur la route. Or, mise à part la Jérusalem terrestre, il parvint dans la *Terre des vivants* [3] durant sa vie, et il se promenait avec ceux qui l'habitaient, les saints revêtus de lumière, et il participait avec eux à la réception de la chair et du sang du Christ sous la tente du feu du soleil de la sainteté, et, en retour, les aigles de la flamme lumineuse le portaient et le faisaient parvenir dans sa ville. Il demeurait dans sa cellule comme auparavant et les gens ne reconnaissaient pas les traces de sa sainteté parfaite; de même, on ne reconnaît pas les traces de l'aigle entre le ciel et la terre. Et de même qu'on ne reconnaît pas les traces du vaisseau dans la mer, de même on ne reconnaît pas, on ne retrouve pas les traces du chemin du combat ascétique et la sainteté de notre père Filmonā.

Et, tandis qu'il demeurait ainsi dans sa cellule, il voulut sortir dans les champs et il alla dans le désert de Wāli [4]. « Et [5], là, j'ai rencontré cinq moniales qui voyageaient dans le désert. Et moi, lorsque je les ai rencontrées, j'ai été dans l'admiration, et j'ai dit dans mon cœur : Étant donné la faiblesse de ces femmes, comment ont-elles la force, comme des jeunes gens * robustes, voyageant * p. 47

(de l'Égypte). » Les dangers de la route de l'Éthiopie à Jérusalem par l'Égypte pour les pèlerins chrétiens étaient bien connus au moyen âge.]

1 *Ps.* XVIII, 7. 2 *Rom.*, XIV, 8. 3 *Ps.* CXIV, 9. 4 [Il s'agit de la région désertique de l'Éthiopie septentrionale, où se retira l'ermite Sāmu'ēl, dit « Sāmu'ēl, du désert de Wāli ». Ses Actes ont été traduits par B. Turaiev (cfr p. VI, n. 1).] 5 [Ici commence un long récit qui est conté par Filmonā lui-même directement.]

dans ce désert redoutable, là où il y a des lions et des bêtes sauvages. » Telle fut ma parole. Je tirai de ce qui (était) à moi des fruits des champs et je (les) leur donnai. Elles me dirent : Ô père honoré, bénis-nous. Et moi, je les bénis et je leur dis : De même qu'il a sauvé Suzanne de la main des vieillards, de même le Seigneur vous délivrera de l'animosité des démons. Que Notre Seigneur Jésus-Christ soit avec vous pour toujours ! Amen. Après cela, j'ai pris ma route et j'ai dit dans mon cœur : Tandis qu'elles ont dignement supporté la souffrance, alors qu'elles étaient des femmes fatiguées, comment moi, jeune, moine et ecclésiastique, ne l'endurerais-je pas ? Lorsque j'eus dit cela, je pleurai des larmes amères, mon esprit brûla de la chaleur de l'Esprit-Saint et l'embrasement de mon cœur dans l'amour du Christ fut comme la flamme de feu qui est activée en présence du vent, dévore l'herbe et tous fruits, comme la flèche, qui s'enfuit de la main d'un homme lorsqu'il tend son arc, vole et ne revient pas, jusqu'à ce qu'elle transperce un animal sauvage. De même, il advint que mon âme volât au-dessus de moi-même sur les ailes de l'Esprit et qu'elle montât jusqu'à la Jérusalem céleste, là où se trouve la compagnie des premiers-nés joyeux [1].

Et, tandis que j'habitais dans un champ du désert de Wāli, vint auprès de moi mon frère Ēlyās et il me salua du salut de l'Esprit-Saint, enlaça mon cou et pleura des larmes amères. Et moi, je pleurai avec lui. Ensuite il me dit : Pourquoi m'as-tu abandonné, de sorte que je devienne orphelin dans ma solitude, puisque auparavant ce fut la situation d'orphelins, à cause de la mort de notre père Tāddēwos. Et de plus, toi-même tu m'as établi pour être l'orphelin qui demeure dans la récolte. Et, lorsque j'entendis cette parole de la bouche d'Ēlyās mon frère, mon cœur ne put supporter (sa peine), mes entrailles furent agitées dans mon intérieur [2] et mes yeux versèrent des larmes amères. Je lui dis :
* p. 48 Pourquoi * ta tristesse est-elle si grande, (pourquoi) as-tu pleuré des larmes amères ? et as-tu été extrêmement triste à cause de moi. Et maintenant, retournons dans notre pays. Ensuite, je suis revenu avec Ēlyās mon frère et je suis entré dans mon habitation et j'ai demeuré avec lui dans la charité de l'Esprit-Saint.

1 [Cfr *Apoc.*, XIV, 1-4.] 2 [Cfr *Jér.*, XXI, 20, etc.]

Peu de jours après, je me suis levé, je suis sorti et je suis parvenu au couvent d'Hāllēluyā[1] et je me suis rencontré avec notre père Samuel parce qu'il (était) prophète, docteur de la loi qui voyait tous les secrets, et, lorsque je me suis rencontré avec lui, nous nous sommes salués du salut de l'Esprit-Saint et je lui ai exposé tout ce qui était dans mon cœur, depuis le commencement jusqu'à la fin. Et il me dit : Ô mon fils, n'as-tu pas compris ce qui concerne le départ de Moïse, lorsqu'il passa de la terre d'Égypte jusqu'à Madian et le Seigneur l'établit là, afin qu'*il fît paître les brebis de Jéthro son beau-père*[2] et le Seigneur Dieu lui apparût auprès du *buisson ardent*[3] et lui parla dans la flamme de feu, et il lui dit : *Viens, va dans la terre d'Égypte, pour faire sortir mon peuple de l'esclavage du Pharaon*[4]. Et le Seigneur l'envoya dans la terre d'Égypte et l'y installa, afin qu'il devienne le berger de la maison d'Israël son peuple et il lui donna le pouvoir de faire des miracles, des prodiges, et des choses stupéfiantes devant la face des enfants d'Israël jusqu'à ce qu'il eût englouti Pharaon et son armée au fond de la Mer Rouge. Et de même pour toi, le Seigneur Dieu t'a constitué, dès l'origine, le pasteur des brebis de ton père. Et maintenant, de nouveau, il t'a installé pour que tu deviennes le grand berger, pour que tu fasses paître les brebis du troupeau du Christ dans la sainte Église; et le Seigneur Dieu t'a gratifié comme Moïse le prophète, pour que tu fasses des prodiges, des miracles et des merveilles, soit dans ta mort, soit dans ta vie, que tu guérisses les malades, que tu dessilles les yeux des aveugles et que tu chasses les démons. Gloire à celui qui * t'a gratifié de ce don dans les siècles des siècles! Amen. Et maintenant, construis-toi une église dans le désert qui (sera) pour toi tout seul et tu seras là le père de brebis nombreuses, comme Pachôme et Macaire qui ont porté le joug de la Croix du Christ. Lorsque tu construiras, tu ne construiras pas au voisinage de l'eau, mais tu seras éloigné, en vue du grand fleuve Wareʿ; là, abondera la grâce du Seigneur et en

* p. 49

1 [Le couvent de Hāllēluyā, dans le Tigré, célèbre pour son fondateur Samuel de Hāllēluyā (dont les Actes sont encore inédits). Cfr P. Paez, *Historia Aethiopiae* in *Rerum Aethiopicarum Scriptores Occidentales inediti*, vol. II, p. 585-587; E. Cerulli, *Gli Atti di Zēnā Māryām, monaca etiopica del sec. XIV* in *Rivista Studi Orientali*, XXI, Rome 1946, p. 123.] 2 Cfr *Ex.*, II, 15; III, 1. 3 *Ex.*, III, 2. 4 *Ibid.*, 10.

elle seront accomplis des miracles et des prodiges sans nombre, devant tout le peuple, les populations, les tribus et les contrées jusqu'à la fin du monde. » [1]

Et lorsque notre père Filmonā eut appris ceci de ce vieillard, ecclésiastique et prophète, il se leva, se prosterna, fut béni par lui et dit : « Oui, j'écouterai ta parole et j'exécuterai aussi tes ordres. » Ayant dit ceci, notre père Filmonā partit d'auprès de notre bienheureux père Samuel [2] de Dabra Hāllēluyā et revint dans son pays avec joie et allégresse et il raconta à Ēlyās tout ce qu'il avait appris de ce vieillard nommé Samuel, prêtre et prophète. Lorsque notre père Ēlyās eut entendu (cela), il devint extrêmement triste et chagrin et lui dit : « Pourquoi te sépares-tu de moi et m'abandonnes-tu seul, puisque nous sommes fils d'un seul ? »

En vérité, ils étaient fils d'un seul, frères chéris. Quant à notre père Filmonā, voici que son ordination monastique n'était pas parfaite avant de parvenir auprès de son père Tāddēwos. (Alors), il accomplit tout ce qui est dans la loi de la vie monastique. Il prit l'ornement et l'habit monastique, sur sa tête, ainsi que la peau de brebis, en même temps qu'Ēlyās son frère. C'est pourquoi, ils sont fils d'un seul.

Revenons à ce qui précède. Lorsque notre père Filmonā eut entendu cela, triste et chagrin, à cause de sa séparation d'avec lui (Ēlyās), il lui dit : « Ô mon frère Ēlyās, pourquoi es-tu triste et es-tu affligé à mon sujet, puisque, pour ma part, je ne me séparerai pas et je ne m'éloignerai pas de toi, même si je bâtis une
* p. 50 église sur la limite * de la région de ta terre que voici ? *Tout ce qui est à toi est à moi et tout ce qui est à moi est à toi.* » [3] Ayant dit ceci, il sortit dans la joie et dans la paix et il parvint avec ses fils en cet endroit (où l'église devait être construite). Il pria et dit : « Révèle-moi, ô Seigneur Jésus-Christ, (un lieu) pour que je construise un temple à ton nom saint. » Ayant dit ceci, il se prosterna et il s'agenouilla trois fois, fit le signe de la Croix sur son visage, au nom de la Trinité sainte. Il s'en retourna et vit l'Orient, l'Occident, le Midi et le Nord. Ensuite, il regarda

1 [Ici finit le récit en personne de Filmonā, qui avait commencé à la page 43.]
2 [Le copiste de notre ms., par erreur évidente, avait écrit ici : « Filmonā » au lieu de « Samuel ».] 3 Cfr *Luc.*, XV, 31.

avec les yeux de son esprit, tandis que l'enveloppait comme à la montagne du Sinaï, la lumière de la divinité, *toute la montagne entière* [1]. Ensuite, descendit de nouveau des cieux la colonne lumineuse qui lançait ses flammes lumineuses comme le soleil, qui avait à son sommet le signe de la Croix. (Cette lumière) se plaça devant lui, tandis qu'il priait debout. Lorsqu'il vit avec ses yeux spirituels la colonne lumineuse, il se réjouit et il dit : « Ici, sera édifiée la demeure du Dieu de Jacob, offert le sacrifice du corps d'Emmanuel, l'Agneau de Dieu et le réceptacle de l'Esprit-Saint. »

Ayant dit ceci, il commença à construire sur le roc solide de Rome [2], et il donna à tous ses fils l'assistance et la force de porter des arbres et des pierres, la vigueur pour transporter l'eau et la terre. Dans leur cœur fut répandue la sagesse, l'intelligence de l'Esprit-Saint, une bonne connaissance, afin qu'ils puissent ajuster exactement les bases (de l'édifice) et le coupage des colonnes. Il y eut pour marcher avec eux des anges lumineux, spirituels, afin de les aider dans tout le travail qu'ils faisaient. Et le Seigneur détourna la lenteur de leur cœur, il les fit rapides comme des oiseaux, jusqu'à ce qu'ils eussent achevé la construction du tabernacle de l'église. Et, tandis que les fils (de Filmonā) servaient ensemble dans l'humilité d'esprit et dans la douceur, tandis qu'ils étaient comme des aigles, en tout * ce pourquoi les avait envoyés leur père, ils achevèrent cette église sainte, entièrement ornée de la lumière de sa gloire et brillante comme le soleil. Et il y avait en elle des astres lumineux qui entouraient ses fondements et son toit : c'étaient les saints et les martyrs qui l'ornaient de la beauté de leur combat ascétique, comme des flambeaux lumineux; et le soleil qui brille en elle, c'est le Christ, qu'on appelle l'Époux, l'Emmanuel, notre Dieu. A lui gloire dans tous les siècles! Amen.

* p. 51

Revenons donc au précédent exposé et à son histoire au sujet de l'achèvement de la construction de Sion la sainte [3].

1 *Ex.*, XIX, 18. 2 [L'église, que Filmonā bâtissait, était fondée sur « le roc solide de Rome »; c'est-à-dire : elle avait une base sûre dans la foi orthodoxe, comme l'Église du Christ est édifiée *super hanc petram*, selon le passage de l'évangile se référant à l'Apôtre Pierre, évêque de Rome (*Matth.*, XVI, 18).]
3 [L'église nouvelle est comparée à la construction de Jérusalem qui sera citée ici après dans le passage des Psaumes. C'est à cause de cela qu'elle est désignée par le nom de « Sion la sainte ».]

Lorsque notre père eut achevé la construction de la maison de l'Agneau du Seigneur, il psalmodia et il dit : *Je me réjouis parce qu'on m'a dit : nous irons dans la maison du Seigneur, nos pieds se tiendront fermes dans ton vestibule (ô) Jérusalem; Jérusalem certes est bâtie comme une cité où tout se tient ensemble* [1]. Et il dit : *Ceci est le lit du royaume du Salomon nouveau. Soixante vaillants pris parmi les vaillants d'Israël l'environnent, ainsi que tous ceux qui portent l'épée et sont instruits dans la guerre* [2]. Quand il eut achevé cette prière, il offrit le sacrifice dans cette (église) et donna à ses fils le corps et le sang du Christ, il les exhorta et leur dit : « Ô mes fils, rivalisez dans la sainte église, pour recevoir la chair et le sang du Christ, comme il a dit lui-même dans l'évangile saint : *Celui qui mange et boit mon sang sera avec moi et moi je serai avec lui... Celui qui mange ma chair et boit mon sang a la vie éternelle et moi, je le ressusciterai au dernier jour.* » [3]

C'est ainsi donc qu'il les exhorta, lorsqu'on eut fini de bâtir l'église sainte. Ainsi le Seigneur leur accordera le désir de leur cœur et il accomplira pour eux tous leurs désirs. Vraiment donc, notre père Filmonā, étant le gardien de la loi et le ministre du Fils du Seigneur, reçut sa récompense dans les cieux, avec tous les saints qui lui ont agréé dans la beauté de leur combat ascétique; et il habita avec Pantaléon de la cellule, qui se tint debout dans une
* p. 52 petite * tour qui n'avait pas de porte, pas d'ouverture, de fenêtre, mais seulement un petit trou dans la pierre, pour parler avec son disciple, ainsi qu'un petit sifflet [4]. Il se tint debout là, sur ses pieds, durant quarante-cinq ans, jusqu'à ce que ses os résonnent et soient complètement durcis. C'est donc lui qui aida le fils du roi Tāzēnā [5] dans la guerre, lorsqu'il lui dit par la petite ouverture : « Souviens-toi de moi, ô mon père, dans ta prière. » Alors ce moine sortit avec lui, pour l'assister par la prière, étant monté sur un char lumineux et son visage brillait comme le soleil. Dans sa main, il tenait un glaive aiguisé et il parvint à la mer de Sābā, là où se

1 *Ps.* CXXI, 1-3. 2 *Cant.*, III, 7-8. 3 *Joh.*, VI, 54-55. 4 [Cfr *Acta Sancti Pantaleonis*, op. cit., p. 45-46 texte; p. 41-42 trad. (CSCO, 26 / Aeth. 8 et 27/*Aeth. 9*.] 5 [Le roi Kālēb, fils du roi Tāzēnā, fit la guerre au roi Finḥas, juif, qui avait martyrisé les chrétiens de Naǧrān, selon la version éthiopienne de la tradition. Cfr C. CONTI ROSSINI, *Storia d'Etiopia*, vol. I, Roma 1928, p. 170-181.]

trouvait le fils de Tāzēnā. Il éleva les flots de la mer (de Sābā), il prit la queue du cheval du roi et foula à ses pieds à gauche, la chaîne de fer qu'avait faite avec art le roi de Sābā et, à sa droite, ayant pris la queue du cheval du fils de Tāzēnā le roi, il le fit passer avec son bateau avec ses soldats (qui étaient) avec lui et il le fit parvenir au port qui était sec [1]. Ensuite, il vola avec ses soldats et il parvint auprès du roi de Sābā. Il prit ce juif orgueilleux appelé Finḥas, fit captives ses femmes et tua les forts soldats de son royaume. Lorsqu'il voulut tuer le roi des Juifs, ce moine martyr lui fit un signe de tête sur un char de lumière et il lui dit : « Ne le tue pas, jusqu'à ce que tu aies édifié la maison de la gloire du Dieu de Jacob. » Quant au roi, il vainquit ses ennemis par la puissance de ce moine et il retourna à la ville de Sion, là où était le siège de son royaume [2].

Avec ce moine anachorète, notre père Filmonā, le bienheureux ascète, eut sa demeure du Christ, comme m'a annoncé un des saints appelé Zakāryās et il nous dit : « J'ai adjuré notre père Filmonā, au nom du Seigneur son Dieu et je lui ai dit : expose-moi exactement et en vérité, ô mon père, ce qui concerne ta patience et ta belle récompense en présence * du Seigneur ton Dieu. » Et il me * p. 53
dit : « Ô mon fils, pourquoi m'interroges-tu sur une telle chose qu'il ne me convient pas (de révéler) ? » Et, tandis que je l'importunais extrêmement pour qu'il m'exposât tout, comme je le fatiguais, il m'a révélé à ce moment (ce qui concernait) le gouffre d'eau [3]. Ô mon fils, tandis que je me suis tenu debout durant quatre lunaisons quand j'ai tourmenté mon corps dans le froid et dans le gel et surtout au temps de la lune de *ḫāzērān* [4] et (que) toute ma personne a été desséchée comme un térébinthe dépouillé de son feuillage, alors son esprit a été en moi, à cause de l'abondance des tourments (endurés) par l'eau [5]. Et, à cause de cela, le Christ

1 [Le récit de ces deux miracles de Pantaléon est dans ses Actes, op. cit., p. 55-56 texte, p. 50-51 trad.] 2 [Les Actes de Pantaléon ne parlent pas de cette participation miraculeuse du saint ermite à la capture du roi Finḥas. « Sion » est ici Aksum, la capitale du roi Kālēb.] 3 [L'auteur nous donne ici l'explication du miracle de l'abîme d'eau, dont il avait déjà parlé avant dans le texte. Cfr ci-dessus, p. 40-41.] 4 [*Ḫāzērān* est la transcription éthiopienne du nom syriaque *ḥāzīrān*, mois du calendrier. 5 [Selon le récit précédent de ce miracle, Filmonā fut protégé par l'Ange pendant « le tourment de l'eau »,

mon Dieu m'a accordé (d'être) avec Pantaléon l'anachorète dans le royaume des cieux et il m'a donné à nouveau le pacte de miséricorde en faveur de tous mes fils et en faveur de tous ceux qui auront confiance dans ma prière, afin qu'ils soient sauvés du châtiment qui viendra sur les enfants des impies et des méchants; et, en même temps, pour mes yeux, il m'a accordé un torrent de larmes, qui a coulé. Cela donc, je te l'ai révélé, ô mon fils, lorsque tu m'as fait jurer par un ferme serment, mais seulement, ce secret personnel, tu ne le découvriras pas à d'autres jusqu'au jour de ma mort. »

Et ainsi, ce moine fit connaître exactement et selon la vérité ce qui concerne la récompense de la justice de notre père Filmonā, récompense de joie et de délices et de délectation auprès du Seigneur son Dieu *que l'œil n'a pas vue et que l'oreille n'a pas entendue et qui n'est pas pensée dans le cœur de l'homme* [1]. Il a pris sa récompense dans le trésor de la lumière. Ainsi, a été orné entièrement le manteau de lumière qui a des roues d'or à son sommet et dans ses franges, une frange en or du ciel qui l'entoure en son milieu, sommet de l'arc-en-ciel de nard qui est fixé dans des gemmes vertes. Étant couronné d'une couronne d'or sur sa tête, il retourna au pays de la joie et de l'allégresse; son repos et sa translation de ce monde eurent lieu le *22 tāḫšāš* [2] et sa fête a été réunie avec la
* p. 54 fête de Gabriel, messager de la joie et de la paix, le troisième * jour après la fête de sa nomination qui est appelée la nouvelle fête [3]. Que sa prière et sa bénédiction viennent sur nous tous qui sommes réunis dans cette église pour les siècles des siècles! Amen, Amen.

Ô abbé illustre, voici que (les hommes) se sont pressés autour de ton sépulcre. Comme les grains de la grenade qui est dans le

depuis « le dixième jour de la septième lunaison jusqu'au mois de *ṭobit* » : ce qui ferait beaucoup plus que les « quatre lunaisons » indiquées dans le même texte, parce que le mois copte de *ṭobit* correspond à janvier. Mais il se pourrait bien que notre auteur, par excès d'ostentation d'érudition chronologique, ait fait quelque confusion entre le nom du mois syriaque et le nom du mois copte.]

1 1 *Cor.*, II, 9. 2 [Le 22 *tāḫšāš* est donc la date de la commémoration de Filmonā. Cfr *Introduction*, p. I.] 3 [Le 22 *tāḫšāš* est aussi la fête de S. Gabriel Archange; et on célèbre encore ce même jour la fête de l'Annonciation, qui avait été fixée à cette date de décembre par S. Ildefonse de Tolède, selon la tradition médiévale accueillie par l'Église éthiopienne. Cfr *Synaxaire Éthiopien : IV. Le mois de tāḫšāš*, éd. S. Grébaut et G. Nollet, in *Patrologia Orientalis*, XXVI, Paris 1945, p. 30-33.]

jardin et comme les grains des grappes de la vigne qui produit des baies dans les champs sur de vastes espaces, de même, s'est pressée l'armée des troupes du peuple chrétien avec tous tes fils que tu as multipliés comme les astres du ciel qui ont été élevés et ont grandis dans cet endroit. Il y en a parmi eux (qui sont) comme des étoiles lumineuses; il y en a parmi eux comme des fromages de lait blancs et comme des colombes douces et comme du lait; ils sont joyeux, comme de l'encens, ils sont odoriférants. Établis-les en digne situation, tous tes enfants, afin qu'ils se reposent sur ton sein. Tous ceux qui feront ta commémoration, bénis-les en les signant du signe de la Croix avec tes mains et avec un signe d'or brillant, afin qu'ils reçoivent la bénédiction avec tous les réunis[1] pour les siècles des siècles; Amen.

1 [Les Actes de Filmonā, comme nous avons dit dans l'*Introduction* (p. I), étaient lus pendant la fête solennelle de sa commémoration en présence des pèlerins réunis pour cette occasion.]

* p. 55

* MIRACLES DE FILMONĀ

Encore, écoutez, enfants de la sainte Église, ce qu'a fait de miracles et prodiges notre père Filmonā tandis qu'il était en vie.

[I]

Il voulut construire une église, afin qu'elle devienne le soutien des brebis; et ses fils, en creusant la terre, jetèrent la construction de ses fondements sur ses quatre côtés. Quatre Anges entouraient la construction sous l'apparence des quatre Évangélistes. Et au milieu se tenait debout un ange de puissance lumineux, qui la gardait, s'appuyant de sa main gauche sur un signe (de croix) lumineux et, dans sa main droite, tenant une épée de feu aiguë. Notre père Filmonā les voyait de ses yeux spirituels, ces anges; il s'en réjouissait et il psalmodiait au milieu d'eux en disant : « Le Seigneur fera construire Jérusalem et se manifestera dans sa gloire. » Ses fils étaient envoyés dans un secteur de la brousse pour couper des arbres et des colonnes, selon les besoins de la construction de la maison du Dieu de Jacob, car il a rempli leur cœur *de l'esprit de sagesse, et de l'esprit d'intelligence et de l'esprit de science. Ils ont été comme Bāsle'ēl et Ēlyāb qui construisirent le Tabernacle du Très-Haut* [1]. De même arriva-t-il pour eux. Il y en eut parmi eux qui furent des constructeurs; il y eut parmi eux des charpentiers; il y en eut parmi eux qui furent envoyés pour couper des arbres, comme il convient pour la construction. Il y en eut parmi eux qui étaient porteurs et qui déposaient leur fardeau à la base de la montagne; et il y en avait qui les plaçaient sur le chemin, à moitié de la montagne; il y en avait parmi eux qui étaient pour les recevoir par là et ils accumulaient ces arbres en (ce) lieu. Ainsi
* p. 56 donc, tous ses fils, les moines, étaient à courir comme * des oiseaux pour l'édification de cette résidence. Cette montagne était resserrée et entièrement escarpée. Il n'y avait sur elle qu'un seul chemin pour

[1] *Ex.*, XXXI, 2-3.

conduire dans le couvent. Ainsi, en assemblant des bois, ils trouvèrent deux hautes colonnes, ils les coupèrent, ils les façonnèrent et les égalisèrent et ils voulurent les porter, cinquante d'un côté et cinquante de l'autre, mais ils ne purent pas les faire bouger de la terre. Ensuite, notre père Filmonā pria et dit : « Toi, Seigneur, sois leur secours ! » Et aussitôt, fut envoyé vers eux du ciel le secours de l'Esprit. De suite, ils poussèrent les colonnes et elles roulèrent comme une balle sans bruit et sans brisure et parvinrent aux deux emplacements.

Lorsqu'ils virent ce miracle qui avait été fait par la main de notre père Filmonā, ils furent tous dans l'admiration et glorifièrent Dieu. Ils trouvèrent une troisième (colonne) qui était considérablement plus grosse et longue que (les deux précédentes; l')ayant coupée ils (la) préparèrent pour son transport. Et, tandis qu'ils la portaient (en groupe) avec peine, la main d'un moine fut brisée. Il alla vers notre père Filmonā, en courant à cause de sa douleur. Lorsque notre père Filmonā le vit, il projeta sa salive sur cette fracture, il le toucha de sa paume et ce moine fut guéri intégralement, comme s'il n'avait pas été fracturé. Notre père lui dit : « Va donc vite vers tes frères porteurs. » Et lorsqu'ils le virent, ils furent tous dans l'admiration. Ensuite, ils ne purent pas ébranler cette colonne pour la porter. Et lorsque notre père vit qu'ils ne pouvaient pas l'ébranler, il fit sur eux un signe de croix et il leur dit : « Poussez-la. » Lorsqu'ils entendirent sa voix ils poussèrent cette colonne et elle roula devant eux comme un char qui roule et elle parvint à son emplacement. Ils s'étonnèrent beaucoup à cette vue, alors que roulait (cette) colonne comme si elle avait des ailes.

Et à cause de celui dont la main fut guérie, ils glorifièrent leur Dieu qui a donné à notre père Filmonā * un tel don de sa grâce * p. 57
et de sa puissance.

[II]

Et lorsque notre père dit à un homme d'entre eux de la part du Seigneur : « Va mon fils, couper un arbre ! » ce moine, alors, refusa en donnant un faux prétexte et dit : « Mon père, quant à moi, il m'est impossible d'aller aux champs, à cause de la grande souffrance de mon cœur. » Lorsqu'il se fut éloigné de la face de notre père Filmonā, une grande douleur de maladie le saisit et lorsqu'un homme (le vit) se rouler comme un porc sur la terre à cause de l'extrême douleur de la maladie qui était sur lui, il fut consterné et il lui dit : « Ô mon frère, pourquoi souffres-tu si durement ? » Et (le malade) lui dit : « Va, raconte-le à notre père. » Et (cet homme) dit à (Filmonā) : « Celui qui a refusé d'aller vers ce que tu lui as ordonné, voici donc qu'il est proche de la mort. » Lorsqu'il eut entendu cela de ce messager, notre père lui dit : « Ô Seigneur, aie pitié de lui et fais-lui miséricorde ! » Et immédiatement (le malade) fut guéri. Il alla vers ceux qui coupaient le bois et cet homme s'inclina devant la force de la prière de notre père Filmonā. Que sa prière et sa bénédiction soient avec nous pour les siècles des siècles ! Amen.

[III]

Revenons donc à ce qui précède, au sujet de ce que (les moines) faisaient rouler des arbres. Lorsqu'ils les portaient, ils avaient en eux la force et la puissance de l'Esprit de secours qui leur avait été envoyée de la part du Seigneur. Ainsi donc (ils) achevèrent l'église sainte, tandis que les aidait le Christ leur Dieu. Et lorsque fut terminée la construction, notre père Filmonā bénit ses enfants et leur dit : « Ô mes enfants, de même que vous avez vu l'achèvement de cette église ornée, de même Il vous fera voir le rite du sacrement qui est fait dans la Jérusalem céleste, conjointement avec eux [1], pour l'Époux, pour les siècles des siècles ! Amen. »

[IV]

Il y eut de nouveau un jour, alors que notre père était en chemin, où il rencontra sur la route des gens qui remplissaient d'eau les canaux (d'irrigation) et ils lui dirent : « Ô abbé illustre, il y a
* p. 58 réunion entre nous à cause du manque d'eau pour alimenter * les canaux. » Ils lui dirent : « En effet, la source d'eau qui coulait est tarie, à cause de l'ardeur du soleil. Et maintenant, prie le Seigneur ton Dieu qu'il nous donne de l'eau pour remplir les canaux. » Lorsque (Filmonā) eut entendu cela, il pria et il dit : « Tu as fait

[1] [Probablement le copiste a omis ici les mots « les saints du Seigneur » ou « ses saints ».]

jaillir l'eau dans le rocher de l'Horeb du Sinaï et tu l'as fait couler pour Israël ton peuple [1]. De même, fais couler maintenant pour ce peuple de l'eau pour qu'il remplisse ses canaux. » Et ayant dit cela, il fit un signe de croix du côté de la fontaine d'eau qui jaillissait et elle coula aussitôt comme le jaillissement de la saison des pluies. Ils ne purent pas la détourner. Lorsque cette eau devint plus forte qu'eux, il renvoya la moitié vers la terre inculte et la moitié dans les champs d'arrosage. Ils remplirent d'eau leurs canalisations, s'inclinèrent devant la force de la prière de notre père Filmonā et louèrent leur Dieu qui leur avait accordé un tel don. A lui gloire pour les siècles! Amen.

[V]

Peu de jours après, il voulut visiter les moines dans le sanctuaire de notre père Yoḥannes [2]. Il partit en glorifiant son Dieu et il arriva à l'heure de trois heures. Et notre père se tint debout afin de prier selon son habitude. Il dit : « Nous remercions l'Auteur des bienfaits... » Ensuite, il (récita) les psaumes du prophète David, comme il avait l'habitude. Tandis qu'il priait, vint vers lui un homme dont les pieds étaient faibles et boîteux et les genoux impotents et il lui dit : « Ô père illustre : distille ta salive sur cette mienne blessure, puisque, quant à moi, j'ai confiance en ta prière. » Aussitôt (Filmonā) distilla sa salive sur la blessure de ce faible et boîteux, il le toucha et il lui dit : « Va-t-en vers le sépulcre de l'homme du Seigneur, ʿEnbāqom [3] (Habacuc) et frappe à son tombeau. » Et, lorsque cet homme s'éloigna de lui, il fut délivré de sa maladie et il était devenu comme s'il n'avait eu absolument aucun mal. Et lorsqu'il parvint au fleuve Wareʿ [4], il réfléchit dans son cœur et il dit : « Si je ne vais pas là, je deviendrai comme celui qui n'obéit pas à mon père; et si j'y vais, j'hésiterai, * car ma maladie m'a abandonné et mes plaies se sont cicatrisées. Cependant, il vaut mieux que j'y aille. » Aussitôt après (il alla) auprès du tombeau d'Habacuc, il toucha son sépulcre et il retourna dans son pays dans la joie. Que sa prière et sa supplication soient avec son serviteur Habta Māryām et avec sa servante Amata Ṣeyon, pour les siècles des siècles! Amen.

* p. 59

1 *Ex.*, XVII, 6. 2 [Cfr *Introduction*, p. V.] 3 *Ibid.*, p. XI. 4 [Cfr p. II.]

[VI]

Encore, étant allé dans un champ du pays, Filmonā se mit à l'ombre avec son disciple auprès d'un arbre verdoyant, au feuillage touffu. Tandis qu'il demeurait sous cet arbre, arriva vers lui un aveugle guidé dans sa marche par un serviteur. Notre père Filmonā l'embrassa. Quant à lui (l'aveugle), il se mit à l'ombre, en même temps que son serviteur. Notre père Filmonā dit à son disciple : « Ô mon fils, as-tu du pain pour donner à cet hôte? » Lorsqu'il entendit cela, ce disciple prit du pain de sa besace et le donna à notre père Filmonā. Celui-ci le donna à cet homme. Et, lorsque cet homme (le) reçut dans ses mains, cet homme se réjouit, comme s'il avait obtenu un abondant profit. Ensuite, il dit à notre père Filmonā : « C'est ainsi que donne notre père Filmonā, s'il rencontre un pauvre sur le chemin. » Et quand ce disciple (de Filmonā) fit un signe sur les yeux de l'aveugle, il lui dit : « C'est lui qu'on appelle notre père Filmonā. » Lorsque cet homme aveugle entendit cela, il fut consterné et il eut peur et il dit à notre père Filmonā : « Je t'adjure, père, au nom du Seigneur ton Dieu, de toucher mes yeux. » Et quand Filmonā eut touché les yeux de cet aveugle, ses yeux s'ouvrirent, il recouvra la vue et il circula dans le pays en remerciant le Seigneur.

Que sa prière et sa bénédiction soient avec son serviteur Habta Māryām et avec sa servante Amata Ṣeyon, pour les siècles des siècles! Amen.

[VII]

Et comme son disciple disait à notre père Filmonā : « Ô vénérable père, de quoi nourrirons-nous les moines [1], puisque leur nourriture fait défaut. » Notre père Filmonā lui dit : « Ô mon fils, mon fils, pourquoi t'inquiètes-tu à cause de la nourriture des moines? N'as-tu
* p. 60 pas entendu ce qu'a dit David le prophète : * *Jette vers le Seigneur ta pensée, lui-même te nourrira* [2], n'est-ce pas qu'il les a créés? il

1 [Les moines sont ici, dans le texte, indiqués par l'appellatif « les saints » (*qeddusān*), qui désigne particulièrement les profès. Cfr mes *Etiopi in Palestina*, vol. II, Rome 1947, p. 355-356; 365-367 et C. Conti Rossini dans le compte-rendu du même ouvrage in *Rassegna di Studi Etiopici*, VII, 1948, p. 198.] 2 Cfr *Ps.* LIV, 23.

les nourrira. » Ayant dit cela, notre père Filmonā alla là où se trouvaient les magasins des vivres des moines, il les signa au nom du Seigneur et, lorsqu'il les eut signés, ces magasins des vivres, ils furent remplis jusqu'au bord, de façon que les moines pussent se nourrir jusqu'à l'arrivée de la moisson et il les fit parvenir en les nourissant depuis la nouvelle lune de *toth* jusqu'à la troisième lune.

Que sa prière et sa bénédiction soient avec son serviteur Habta Māryām pour les siècles des siècles ! Amen.

[VIII]

De nouveau encore, notre père Filmonā lui dit : « As-tu du pain pour cet étranger qui vient de loin ? » Et ce disciple lui dit : « Ô père illustre, je n'ai plus de pain et je n'en ai pas pris pour la nuit, jusqu'au matin, parce que le pain est épuisé depuis hier au soir. » Et notre père Filmonā lui dit : « Ô mon fils, regarde, je t'en prie, dans le coffre aux aumônes, pour voir s'il y a du pain. » Ce disciple alla, ouvrit le crochet du coffre, y mit sa main et ne trouva rien. Ensuite, il s'en retourna et ce disciple dit (à Filmonā) : « Ô père illustre, comme tu m'as dit, j'ai ouvert le crochet de fermeture de la nourriture, j'ai regardé et je n'ai rien trouvé. » Pour la troisième fois, notre père Filmonā lui dit à ce disciple : « Retourne voir vers ce coffre à pain. » Et ce disciple lui dit : « Ô père illustre, comment prendrais-je ce que je n'ai pas pris pour la nuit moi-même ? » Et notre père Filmonā lui dit : « Et maintenant, ô mon fils, cherche, je t'en prie, s'il y a quelque chose à trouver (dans le coffre). » Ce disciple s'en alla, défit comme précédement ce crochet d'ouverture du pain et trouva une plénitude de pain, jusqu'au bord de ce coffre à pain. Il fut dans l'admiration à ce sujet, il fut dans un étonnement extrême, il fut changé et il lui dit (à Filmonā) : « Ô père illustre, comme tu me l'as dit, il y a du pain. » Et notre père Filmonā lui dit : « Je sais, ô mon fils, mais seulement, * apporte-moi (ce pain). » Et il lui donna ce qu'il demandait. Et notre père Filmonā en fit aumône à cet étranger. * p. 61

C'est ainsi donc qu'il fit pendant sa vie.

Que sa prière et sa bénédiction soient avec son serviteur Habta Māryām pour les siècles des siècles ! Amen.

Donc ce pain, qui était très abondant, devint la nourriture journalière des moines, au point qu'ils en eussent des restes[1].

[IX]

Et après sa mort, un muet, dès qu'il eut frappé à son sépulcre, ouvrit la bouche et parla; après que fut ouverte la bouche de ce muet, ceux qui étaient là, réunis au jour de sa commémoration sainte, lui dirent : « Comment est-ce que tu as été guéri ? » Alors il leur dit : « Un homme lumineux est venu vers moi, revêtu d'un linceul de lumière céleste. Il était appuyé sur un signe lumineux qui étincelait et son visage brillait comme le soleil. Deux saints l'entouraient, l'un à droite, l'autre à gauche, dans les vastes espaces lumineux et l'aspect de leur visage ressemblait à des astres lumineux. Ils étaient joyeux comme les fils des rois. Vint vers moi (Filmonā) lumineux qui cheminait entre eux et, de l'intérieur du sanctuaire, fulgurant comme un éclair, il étincela comme la foudre qui déchire; et me frappa la tête d'un signe lumineux et me dit ceci : Ô homme, lève-toi et parle! Aussitôt ma bouche fut ouverte et je parlai comme vous voyez. » Et lorsque les (gens) rassemblés l'entendirent, ils admirèrent le prodige de notre père Filmonā.

Que sa prière et sa bénédiction soient avec nous! Amen.

[X]

(Il y avait) un paralytique qui était entièrement desséché comme une pierre, dont le visage était joint à ses genoux comme s'il était lié avec une chaîne de fer. Son père l'avait porté et l'avait placé sur le dessus du sépulcre et ce fils était couché sur ce sépulcre; il pouvait rouler comme une pierre et ne pouvait pas s'asseoir. Tandis qu'il était ainsi, vint vers lui notre père Filmonā sur un char lumineux et il le signa trois fois d'un signe d'or qui était dans ses mains
* p. 62 et ce paralytique fut délivré du * lien de son mal, il fut guéri de sa maladie et devint pareil à celui qui marche sur ses pieds.

1 [Le texte est mal ordonné dans le ms. Cette proposition « Donc ce pain qui était très abondant » etc. aurait dû être placée à la fin du récit du miracle VII après les mots « jusqu'à la troisième lune ».]

Que sa prière et sa bénédiction soient avec nous pour les siècles des siècles! Amen.

[XI]

Écoutez donc (ceci) au sujet de la prophétie que prononça de son vivant notre père Filmonā concernant ce qui se passerait plus tard, après sa mort.

Tandis qu'un prêtre instruisait deux enfants, il prophétisa et il dit : « De ces deux jeunes enfants, l'un d'entre eux servira les moines. » C'est cela donc qu'il prophétisa de sa parole qui n'est pas mensongère, ayant vu par un secours de l'Esprit qu'il (l'enfant) deviendrait à la troisième génération (d'abbés) l'administrateur du troupeau du Christ. Or, après, (Filmonā) prophétisa que notre père Endreyās recevrait son siège. Alors que (Filmonā) se promenait dans les champs, en compagnie de ce fils, dans une terre de culture pour rassembler des gerbes, (il lui dit) : « Tu es celui qui seras après moi pour servir les moines, mais seulement ne les attriste pas et accomplis leur volonté. » (Voici) donc accomplie à leur sujet la prophétie. Ainsi fut (fixée) jusqu'à la troisième génération leur succession [1].

Puisse leur prière nous parvenir perpétuellement pour les siècles des siècles! Amen.

[XII]

Vraiment donc, Filmonā était prophète, apôtre et maître de la loi, lui qui abreuvait son troupeau en puisant au fleuve de la divinité. Vase d'or pur, savoureux était le goût de sa voix, son exhortation était comme les rayons de miel et le lait.

Lorsque donc il les exhortait, il leur parlait ainsi : « Ô mes enfants, écoutez les paroles de mon discours, gardez mon commandement de tout votre cœur et portez-le comme un bracelet d'or à vos bras; comme un anneau pur, recevez-le à vos doigts; et comme un collier d'or, portez-le à vos cous et comme un emblème à vos bras. Je n'ai donc pas autre chose à vous dire, sinon seulement de craindre le Seigneur votre Dieu, et de lui (obéir). Et, si vous craignez le Seigneur de tout votre cœur, vous serez comme un lion redoutable

1 [Litt. « leur plante » (arbre généalogique).]

* p. 63 qui * rugit dans le désert. Tous les animaux sauvages ne s'approchent pas de lui, à cause du son de sa voix effrayante et terrifiante. Et de même, ne s'approcheront pas de vous les démons méchants qui vous sont hostiles; ils s'enfuiront devant vous. Et, lorsque vous invoquerez le nom du Christ votre Dieu, si vous vous aimez mutuellement les uns les autres, vous serez le flot de la saison des pluies qui tonne, qui retentit. Le bruit de sa course est puissant à entendre et aucun homme ne peut passer. De même ainsi donc, en ce qui vous concerne : Si vous vous aimez mutuellement entre vous, les armées de Satan qui vous attaquent ne pourront pas parvenir jusqu'à vous, parce que, de même que l'eau éteint le feu, de même, (la charité) fait évanouir les démons méchants qui vous sont hostiles. Si vous vous aimiez mutuellement entre vous, vous deviendrez comme le Christ votre Dieu, ainsi qu'il est dit de lui dans l'évangile saint : *Si vous vous aimez, vous serez mes héritiers et vous demeurerez dans le royaume de mon Père sur un trône d'or à ma droite* [1]. Acquérez donc parfaitement la charité, afin que vous entriez dans la lumière de la vie, comme dit l'Apôtre : *celui qui aime son prochain demeure dans la lumière et ne verra pas la mort et celui qui hait son prochain (est) un meurtrier.* [2]

C'est cela donc que disait l'Apôtre. Et à propos de ce qu'il dit : « l'homme tue et l'homme est sauvé » : celui qui croit cela est dans la vérité. Celui-là est meurtrier qui hait son prochain, certes; et la part de son héritage sera dans la terreur de la géhenne avec Caïn le meurtrier de son frère et avec le diable qui est tombé du nombre des cent ordres (des anges) et de l'armée des anges du Seigneur. Là, ils sont signés du signe des méchants pour être condamnés à la souffrance de la damnation dont il n'y a pas de sortie à jamais.
* p. 64 Et, surtout à cette époque, faites attention à * ceux qui disent ainsi : « l'homme tue et l'homme est sauvé » [3], pour que vous ne soyiez pas des (êtres) chassés et sortis des brebis du troupeau du Christ et que vous ne soyiez pas écartés des enfants de l'Église sainte. Ô mes enfants, il n'y a donc rien de ma part en ce que j'ai dit, mais (c'est ce) que j'ai entendu des Apôtres saints, (aux-

1 Cfr *Joh.*, XIII, 34 (et XV, 12). 2 Cfr 1 *Joh.*, II, 9-11. 3 [Le texte n'est pas sûr dans le ms., quoique le sens de la proposition soit clair : Il faut que les fidèles suivent, plus que jamais, le précepte du passage de l'Évangile ci-dessus cité sur l'amour du prochain.]

quels) ont été confiées les clés du royaume des cieux. » C'est ainsi donc qu'exhortait ses enfants notre père Filmonā l'ascète, le bienheureux.

De nouveau, il leur disait : « Acquérez l'humilité, la douceur et le silence et ne dites pas de paroles vaines dans l'église sainte, parce que celui qui dit une parole dans l'église (est) comme (celui) qui impose de la cendre sur la tête de l'épouse; et tandis qu'il parle à travers les fenêtres de l'église sainte, il est comme (celui) qui pique et fait des sortilèges avec ses mains contre les yeux de l'épouse. Abstenez-vous de ces discours, ô mes fils, au moment de la prière. Celui qui parle au moment de la Sainte Table (eucharistique) lorsque se réunit l'assemblée des Anges [1] est comme celui qui pétrit des excréments et de l'absinthe avec du miel de bon goût; autrement dit, comme celui qui méprise le Fils de Dieu, comme le Fils a dit lui-même : *Là où sont (réunis) deux ou trois en mon nom, je serai avec eux* [2], et là se trouveront aussi les anges lumineux qui gardent leurs âmes [3]. A cause de cela, il ne vous convient pas de dire un vain discours dans la réunion, mais seulement la louange du Fils de Dieu Très-Haut. » Ayant dit cela, il leur dit : « Ô mes enfants mettez dans vos esprits cette mienne parole, gravez-la dans vos cœurs pour que vous viviez éternellement. »

Ainsi parla notre père Filmonā à ses fils au temps de son entrée (dans le ciel) et de sa migration de ce siècle passager et il alla vers ce qui ne passe pas, vers la cité du Roi, tandis que se réjouissait le Fils à son sujet, et tandis que les anges chantaient devant lui. Et comme l'époux se réjouit de l'épouse, de même le Christ se
réjouit * de l'âme du juste pur, parce que toute âme pure est * p. 65
l'épouse du Seigneur.

Ici s'achève ce qui nous reste du combat spirituel de notre père Filmonā. Que sa prière et sa bénédiction soient avec son serviteur Habta Māryām pour les siècles des siècles! Amen.

A celui qui a écrit (ce livre) et à celui qui l'a fait écrire, à celui qui l'a lu, à celui qui l'a expliqué et à celui qui a entendu sa

1 [Filmonā défend ainsi que ceux qui sont présents dans l'église au moment de la consécration des espèces eucharistiques (lorsque les Anges se rassemblent pour vénérer la Présence réelle), puissent se livrer à des bavardages, qui seraient alors un sacrilège abominable.] 2 *Matth.*, XVIII, 20. 3 Cfr *ibid.*, 10.

parole, qu'à (tous) ensemble Notre Seigneur Jésus-Christ fasse miséricorde dans le royaume des cieux pour les siècles des siècles! Amen. Amen. Ainsi soit-il.

Celui qui a fait écrire ce livre (est) notre frère Habta Māryām. Espérant la bénédiction de Marie, il l'a donné au sanctuaire de Marie à Māya Geb.

Salut à notre père Filmonā. Que sa grâce, que son intercession pour nous et que l'amour de son Dieu soient avec lui et avec toutes ses brebis pour les siècles des siècles! Amen.

Cet écrit, (à) qui le vendrait ou qui l'altérerait soit anathème par la bouche des Prophètes et des Apôtres, par la bouche de notre père Filmonā, par la bouche de notre père Tāddēwos, par la bouche de Notre Dame Marie, Mère de Dieu et par la bouche du Père et du Fils et de l'Esprit-Saint pour les siècles des siècles! Amen.

CANTIQUE DE TĀDDĒWOS ET FILMONĀ

* Chant de Abbā Filmonā. * p. 66

Père orné de la pourpre de la charité; pendant que tu moissonnes les récompenses, supplie le Seigneur Dieu et intercède auprès de lui, Filmonā fidèle, de glorieuse mémoire.

Chant de Abbā Tāddēwos.

Ton parfum est plus désirable que le nard, Tāddēwos, père de beaucoup. Tu es bienheureux et tu es un combattant, pareil à Paul; et vraiment ministre de la Loi de Jésus.

Chant [de abbā Filmonā]. Fils béni de Takla Haymānot[1], homme de paix, dont le bâton (dans) la main (est) la croix de Rome; Filmonā t'ont appelé les pères du désert; tu as été, en vérité, le bien-aimé du Sauveur, Rédempteur du monde.

1. Salut à la mémoire de ton nom qui réjouit les cœurs, autant que boire du vin de l'année passée quand on le trouve sur la table! Filmonā, qui a reçu des sages la sagesse, accorde-moi de la gloire de ta gloire, et de ta nourriture une nourriture; ma nourriture n'arrive-t-elle pas et n'est-elle pas proche?

2. Salut aux cheveux de ta tête que l'onguent de la corruption n'a pas touchés. Salut encore à ta tête, Filmonā, loué par tous * et envers * p. 67
tous; que ton pacte et ton saint secours soient pour moi une rédemption, lorsque mon âme se tiendra debout à gauche.

3. Salut à ton visage brillant comme le soleil, qui resplendit sans

1 [Dans les Actes, comme nous l'avons noté dans l'*Introduction* (p. VI), le nom de Takla Haymānot n'est même pas mentionné; et la rencontre traditionelle du saint moine du Nord Éthiopien avec celui du Choa est faite entre Filmonā et Gabra Manfas Qeddus. Au contraire, ici dans cette poésie, Filmonā est appelé « fils de Takla Hāymānot », comme s'il avait appartenu à une filiation du monastère de Dabra Libānos du Choa. C'est la preuve que cette poésie est postérieure en date aux Actes et que, en tout cas, son auteur écrivait après que la suprématie du couvent de Dabra Libānos eut été reconnue dans toute l'Éthiopie.]

cesse en présence de Dieu glorieux. Filmonā, soustrais-moi à la mort terrifiante du péché, comme (Dieu) a caché jadis Noé dans le ventre de l'arche, lorsque du ciel plut le déluge redoutable.

4. Salut à tes cils qu'ont retenu l'eau des larmes, et à tes yeux pleins comme un lac plein d'eau. Filmonā, glorifié par la bouche des anges et des hommes, que tes œuvres, o Seigneur, me soient un bouclier efficace, lorsque le Seigneur viendra faire son apparition pour le Jugement.

5. Salut à tes oreilles qui ont écouté la voix de l'Évangile, et salut à tes joues (pareilles à une) pomme, ainsi qu'à tes narines. Filmonā, juste, qui a accompli les préceptes du Verbe, bénis-moi de ta droite, en ayant dans ta main la Croix. N'est-ce pas donc à toi le pouvoir de bénir?

6. Salut à tes lèvres qui n'ont pas dit de mal, et à ta bouche salut, ainsi qu'encore à tes dents. Filmonā, constant, qui as répudié le monde, o Père, aie pitié de moi et accorde-moi façon parfaite de belles mœurs et la parole suave.

7. Salut à ta langue et à ta parole, qui, ouvertement, ont offert la louange au Seigneur Dieu. Filmonā, préférant la pauvreté à la richesse, tu es resté au désert de nombreuses années, et tu n'as rien recherché des satisfactions de la chair qui est faible.

8. Salut à ton haleine qui fut un souffle de joie, et salut à ton
* p. 68 gosier qui méprisa les douceurs du monde. * Filmonā, juste, au moment où tu te tiendras à la droite (du Seigneur), souviens-toi de mon âme pour qu'elle ne voie pas la condamnation, parce que le Verbe t'a donné un pacte abondant.

9. Salut à ton cou qui s'entoura du scapulaire de la justice, et encore salut à ton épaule porteuse du joug de l'Évangile. Filmonā, assiste-moi au temps de l'affliction et de l'angoisse pour que je ne tombe pas pour l'éternité dans la mer profonde du châtiment, avec les hommes pécheurs qui n'ont pas de viatique.

10. Salut à ton dos dont le manteau est un manteau de gloire, et salut à ta moëlle, siège des dix commandements. Filmonā, fort, visite-moi chaque jour, et guide-moi sur le chemin de la justice afin que je ne périsse pas vainement, parce que ceci est mon désir et mon souci toujours.

11. Salut à ton sein, lieu de repos du lion de ta patience, et salut à tes mains auxquelles a été donné le bâton de la croix. Filmonā, élu, proche du Seigneur, ton frère et ta sœur, qui ont offert l'obéissance, ont gagné le salut, avec toi, dans le royaume des cieux.

12. Salut à tes bras, et à ton coude, salut! qui ont complètement défait l'ennemi du second Adam. Filmonā, qui t'es détourné des gloires de ce monde passager, mène-moi, ton fils, dehors dans un endroit désert, afin que j'oublie ma nature de chair et de sang.

13. Salut à ton avant-bras qui a mesuré la maison de la pureté, et salut aussi à ta paume. Filmonā, qui règnes dans le royaume du Christ Messie, fais que j'entende une parole de joie dans le prétoire du juge terrible, lorsqu'il y aura l'examen et que le jugement sera rendu.

14. Je dis salut à tes dix doigts, * et salut encore à tes ongles. * p. 69
Filmonā, mon père, plein de prudence et de bon conseil, enseigne-moi la pratique de l'humilité et de la charité. Est-ce que sans humilité on atteint la gloire?

15. Salut à ton flanc, lieu de repos de la patience, (qui est un) lion, et à ton ventre spacieux, par suite d'avoir épuisé plusieurs fautes. Filmonā, pur des turpitudes du monde, t'ont proclamé heureux les enfants de la Sainte Église, qui ont sollicitude et affection.

16. Salut à ton cœur dont les actes de vengeance sont restés éloignés, et à tes reins, purs des souillures de la chair et du sang. Filmonā, élu, bien-aimé du second Adam, (fais) que, grâce à ton pacte, s'éloigne de moi la souffrance que la malédiction à engendrée de son sein.

17. Salut à ton esprit, pur du péché, et à tes viscères, feu brûlant de l'amour de Sauveur. Filmonā, soleil, dominateur du jour brillant, accorde-moi (un peu) de ta lumière que les ténèbres n'approchent pas et que n'atteint pas (si) peu (soit-il) la nuit redoutable.

18. Salut à tes entrailles thésaurisées à l'intérieur : argent pur des hymnes et aussi or des actions de grâce. Filmonā, auprès de qui on a trouvé la pratique de l'humilité, enseigne-moi cette pratique de l'humilité et accorde-moi la sagesse, car de tous tu as été appelé père.

19. Salut à ton nombril comparable à un bassin façonné au tour, et à tes hanches, ceintes de la corde de l'épreuve et du cilice. Filmonā,

* p. 70 sage disciple d'Arsène le juste [1], * parle à moi ton fils en révélant (ta) langue (qui est celle de la) tourterelle ; la maison de mon âme est devenue un lieu de festin pour toi.

20. Salut à tes jambes, et à tes deux genoux, qui s'étaient appliqués à s'agenouiller et à se prosterner. Filmonā, un des Neuf Saints, comme mes jours se sont écoulés dans la vanité, sans (bonnes) œuvres, que ton pacte que voici soit pour moi le rachat de l'âme !

21. Salut à tes pieds, et à tes talons salut, qui ont marché continuellement dans la route de la prière et du jeûne. Filmonā, onguent, parfum choisi du désert, retranche de mon cœur les liens d'amour pour ce monde, car, depuis l'origine, la malédiction règne en lui.

22. Salut à tes plantes des pieds qui dès le matin partirent pour l'enclos d'amour, et salut à tes orteils que des ongles ornèrent. Filmonā, guide-moi sur le chemin de l'intelligence et du bon conseil, pour que je contemple dans la joie la face du Créateur glorieux, lorsque la terre rendra et remettra ce que lui avait été confié.

23. Saluts aux ongles de tes pieds que n'a pas heurtés la pierre de l'affliction, et salut à ta stature comparable à un cèdre. Filmonā, emmène-moi dans ta droite maison ; car la cour du Jugement et la réprimande m'effrayent, au moment où viendra en majesté le Seigneur puissant.

24. Salut à ton image que fait resplendir la grâce de sa beauté, car elle a été ointe, et a reçu du Paraclet la grâce. Filmonā, prie vers la voûte du ciel, afin que je ne voie jamais la géhenne de feu ardente et que je ne subisse pas le supplice avec les hommes pécheurs.

25. Salut à la sortie de ton âme de l'enclos de la chair infirme, pendant que les jubilations des anges en troupe font trembler la
* p. 71 terre. * Filmonā, séparé du monde par la grâce, accorde-moi un don de ton don, et de la grâce de ta grâce, car on ne trouve pas de défaut à ta grâce.

26. Salut à l'enroulement de ton corps (dans le linceul) qu'entoura la lumière, et salut à tes funérailles par les mains des pères

1 [Allusion à la légende de saint Arsène, célèbre pour avoir gardé longuement le silence, parmi ses autres pratiques ascétiques. Cfr E. A. WALLIS BUDGE, *The Book of the Saints of the Ethiopian Church*, Cambridge 1928, vol. III, p. 885-887.]

moines. Filmonā, mon père, compagnon de Tāddēwos fidèle, réjouis le cœur de ton serviteur, de même que le vin apporte la joie, car dans mon cœur il y a abondance de tristesse.

27. Salut à ta sépulture à l'intérieur de la terre glorieuse, afin que ne dure pas plus l'image usuelle qu'on avait eu du commencement (de la vie). Filmonā, vigilant, qui a accomplis soigneusement les dix commandements, combien est agréable ton œuvre à toi qui méprisas la mort, et combien est beau ton trépas.

28. Reçois mon salut et mon baiser, de moi pèlerin; puisque je t'ai offert cela en guise de cadeau et d'offrande. Filmonā, assiste-moi le jour du châtiment redoutable. Ne craindrais-je pas d'être congédié, dans le Tribunal, en compagnie des pécheurs qui auront leur dette (à payer)?

O mes pères et mes frères, qui avez prié au moyen de cette prière, ne m'oubliez pas, (dites) un Pater pour que mon labeur ne demeure pas vain.

INDEX BIBLIQUE

INDEX DES NOMS PROPRES

TABLE DES MATIÈRES